EL COACHING EMPRESARIAL

de ORDINARIO a EXTRAORDINARIO

IRVING POU

Primera edición.

Categoría:
Autoayuda, Crecimiento Personal.

ISBN-13: 978-1983535109
ISBN-10: 1983535109-

©2018, Irving Pou.
email: irvingpou@gmail.com
Twitter: @irvingpou
Facebook: CoachEjecutivo.IrvingPou
Instagram: Pou-Irving
LinkedIn: Irving Pou
Skype: Irving Pou
Servicio de publicación ACE - ACCA

AGRADECIMIENTO

Quiero agradecer primeramente a Dios por darme la vida, las fuerzas y cada puerta abierta a nivel personal y empresarial. A Él le debo todo.

A mi amada esposa Priscilla, quien me ha apoyado desde el comienzo de esta travesía. Gracias por todo lo que haces por mí. Eres una mujer especial y única.

Quiero agradecer a la Academia de Coaching y Capacitación Americana, por la gran oportunidad que me han dado para estudiar y culminar una de mis metas que era certificarme como Coach Empresarial.

A mis mentores Frank Luetticke, Jacqueline Betancourt, Gonzalo Romero, Lorena Alvarez, Etelvina Fretez, Irisz Csaszar y Enrique López por ayudarme, guiarme y darme las herramientas necesarias para poder obtener dicha certificación. He aprendido mucho en este tiempo.

A todos, gracias.

ÍNDICE

Agradecimiento 5
Prólogo 9
Introducción 11

Capítulo 1
¿Qué es un Líder Ordinario? 13

Capítulo 2
Los Tipos de Líderes en la Empresa ¿Con cuál me
identifico? 29

Capítulo 3
Actitudes para un Buen Liderazgo Empresarial 39

Capítulo 4
Paradigma para el Éxito Empresarial 51

Capítulo 5
¿Cómo ser un Líder Extraordinario? 65

Conclusión 83
Bibliografía 85
Anexos 89
Sobre el autor 97

PRÓLOGO

Tengo el honor de presentarles este gran libro, que representa mucho para el Sr. Irving Pou. *Coaching empresarial: de ordinario a extraordinario*, es un libro que todo líder, Coach, emprendedor en el área empresarial debe tener.

Cuando tuve la oportunidad de leer los temas y el desarrollo del mismo, me llené de ánimo y fuerzas para empoderarme cada día más de lo que hago en mi área laboral. Es bien importante entender que no podemos seguir haciendo las mismas cosas y esperar resultados diferentes. Pasar de lo ordinario a lo extraordinario requiere de esfuerzo, nuevos hábitos, reprogramación mental y sacrificio. Mi esposo representa todo esto, pues día tras días, veo como se esfuerza para que lo que se determina lo pueda lograr. El Sr. Pou, es un gran líder. He visto como se ha ido desarrollando y obteniendo nuevas experiencias en el campo laboral, que lo han llevado a ocupar nuevas posiciones importantes y a ser reconocido por los líderes de su empresa. Les invito a que se brinden la oportunidad de leer esta recopilación de herramientas que de seguro lo transformarán si usted lo permite, en un gran líder empresarial extraordinario.

Priscilla A. Maysonet Sánchez
Consultora Educativa

INTRODUCCIÓN

¿Qué clase de líder eres? ¿Alguna vez te has preguntado esto? Durante el desarrollo de este libro responderemos a esta pregunta y para ello, observaremos nuestro desempeño como líderes empresariales. Identificaremos la influencia-positiva-negativa- que ejercemos sobre nuestros empleados o empresa, en que zona de desarrollo estamos y cómo podemos llegar a nuestro máximo potencial. Ampliaremos conocimientos para lograr nuestras metas en el Coaching Empresarial utilizando herramientas como la Programación Neurolingüística (PNL) y la Inteligencia Emocional.

El pensamiento neurolingüístico es de suma importancia, pues nos ayuda a controlar nuestros pensamientos, a dirigir nuestras fuerzas, pensar, actuar y caminar en pos de nuestra visualización: y más alla de visualizarnos, también actuar.

Como Coach lo primordial es estudiar y profundizar en torno al ser humano y en especial, en el funcionamiento del cerebro y sus conexiones, así como en las fortalezas y necesidades de nuestros clientes. Es por esto que haremos un recorrido por las mejores prácticas y los nuevos paradigmas de Coaching y Liderazgo. Este y otros temas se estarán presentando en este libro de manera efectiva. Si eres un líder, empresario, gerente o Coach, este libro es para ti. Haremos un recorrido de vivencias, experiencias e investigaciones de cómo ser un líder exitoso lleno de energía y entusiasmo.

En un mundo empresarial cambiante, es importante utilizar las mejores estrategias para lograr el éxito de nuestro equipo de trabajo. Este libro te ayudará a conocer cómo pensar, actuar y saber ser efectivo dentro de cada situación y ambiente, para pasar de ser un líder ordinario con antiguas prácticas, a un lider extraordinario en tu entorno laboral. Este proceso conlleva esfuerzo, cambio de paradigmas, acción y deseos de empoderarse para empoderar a los demás, y este libro te presentará las diferentes herramientas para hacerlo.

Capítulo 1

¿Qué es un líder Ordinario?

Cuando entramos al mundo laboral por primera vez, lo hacemos llenos de entusiasmo, pensando que tenemos un empleo que nos va a generar ingresos; que podremos progresar y lograr las metas que nos propusimos pensando en el futuro. Iniciamos con un objetivo claro de ser productivos y desempeñarnos como personas de bien para la sociedad.

A lo largo de nuestra carrera laboral, ya sea al inicio o en medio de ella, llegamos al punto de pensar que necesitamos ser algo más. Ya sea que hubiésemos estudiado gerencia, supervisión o simplemente decidimos continuar estudiando para convertirnos en futuros líderes, aunque comenzamos con mucho entusiasmo y dinamismo, llegamos al punto de sentir que podemos alcanzar algo más. No con esto se trata de no reconocer a aquellos que con su esfuerzo llegaron a convertirse en lo que hoy son, líderes empresariales de vanguardia, se trata de destacar que ahí está la diferencia: ellos fueron innovadores y atrevidos para subir al escalón donde querían estar.

En este entorno, muchos factores inciden en el liderazgo. En el ámbito laboral, se van añadiendo diferentes responsabilidades a nuestra agenda diaria. Estas se suman las responsabilidades cotidianas fuera de la empresa, con nuestras familias y otros múltiples compromisos que hacen que empecemos a ver nuestro trabajo como una carga. Caemos en la rutina diaria, cumplimos con el horario de trabajo y pasamos a simplemente cobrar un sueldo y hacer exclusivamente lo que se nos pide, es ahí que vamos cayendo en lo ordinario.

La dinámica del mundo actual es acelerada, continua y cambiante, en consecuencia, las prácticas que aprendimos de liderazgo o gerencia en el pasado ya no funcionan como antes; es entonces cuando se nos presentan dos caminos:

1. Comenzar a trabajar con ideas innovadoras, empoderando al equipo para que se obtengan los resultados propuestos con la nueva mentalidad.

2. Quedarnos en el lugar en el que estamos, donde será la competencia la que crece, mientras que nosotros seremos desplazados o los menos remunerados.

Si no se toman las medidas necesarias en cuanto al crecimiento de nuestro equipo de trabajo, estaríamos influenciando directamente de manera negativa a personas que tienen un gran potencial.

Ante tales escenarios, retomaremos la idea de la transición de ordinario a extraordinario. La palabra ordinario, según el Diccionario de la Real Academia

Española, se define por algo común, regular o habitual. Esta definición, si la aplicamos en el ámbito laboral sería equivalente a tener empleados regulares, líderes o gerentes sin aspiraciones, que hicieron de sus días algo habitual, rutinario o común. El reto consiste en cómo comenzar de nuevo a tener esa pasión del comienzo. A intentar ser líderes que tengan más que conocimientos y preparación académica, el deseo de ser mejores. Cuando somos líderes ordinarios, hacemos las mismas cosas todos los días, no buscamos algo nuevo. Usamos las mismas técnicas y herramientas obsoletas de hace años. Pensamos que ya todo está hecho, nuestro equipo es sólo gente que se ha conformado con lo que tiene. Este punto es importante porque sin planificarlo, no identificamos gente capaz de emprender o con visión de liderazgo dentro de nuestro equipo. Creemos que solo nosotros podemos llevar nuestra compañía a puerto seguro. Nos agobiamos por tantas responsabilidades, se nos olvida o nos resistimos a delegar. Caemos en el conformismo y entonces llega el día en que nos convertimos en lo que nunca deseamos ser, un líder ordinario.

A continuación, te mostraré un ejemplo de una situación común, con la que nos encontramos a diario; luego verás dos soluciones. Una solución o respuesta de un líder ordinario y otra de un líder extraordinario. Observaremos que hizo la diferencia y porqué.

Ejemplo: "Pedro es un Gerente del Departamento de Educación en su compañía. Se encarga de desarrollar los proyectos, talleres, capacitación y agenda dentro de su departamento. Lleva 10 años desempeñándose en ésta misma tarea. Antes de ser Gerente fue empleado regular, fue estudiando, ganado posiciones hasta llegar a ser lo que es hoy, el Gerente de todo el Departamento de Educación. Cuando Pedro comenzó como Gerente, era el mejor, todos lo admiraban. Tenía la solución para todo, realizaba todos los talleres él solo, todas las presentaciones y creaba el material que requería para sus labores. Dedicaba horas a su trabajo. Parecía bien apasionado con lo que hacía. Dentro de su equipo de trabajo (de alrededor de 20 personas) tenía a 5 empleados, llenos de dinamismo, talento y liderazgo igual que él. Pero por su agenda cargada, no se había percatado de los grandes líderes que le rodeaban. El dueño de la compañía le indicó a Pedro que debía desarrollar en menos de dos semanas unos nuevos talleres, diferentes a los anteriores, para empleados nuevos. Los talleres debían ser interactivos, con nuevas herramientas. Pedro entendió que era demasiado trabajo para él solo y se puso muy tenso. No dormía bien, no tenía tiempo para su familia, hasta soñaba con todo el trabajo que tenía que realizar, no disfrutaba lo que hacía. Comenzó a realizar todo solo y estaba agobiado".

Basado en este ejemplo, tenemos un plan de lo que haría un líder ordinario y uno extraordinario ante la situación de Pedro.

Líder Ordinario: Pedro es un ejemplo de este tipo de líder. Trabaja solo, no ha identificado a los líderes dentro de su equipo de trabajo. Terminará agobiado, cansado y sin ánimo. Pues el dueño de la compañía le ha puesto mucha presión para terminar todo antes de la fecha prevista. Pedro ya no quiere ser Gerente de su departamento, está tenso. Sus empleados sólo siguen instrucciones, aunque tienen excelentes ideas.

Líder Extraordinario: Pedro se reunió con su superior para poner en su agenda el plan de trabajo. Basado en las dos semanas con las que cuenta para desarrollar los talleres y las herramientas innovadoras, diseñó lo siguiente: Pedro luego de la reunión, decidió convocar a todo su equipo para indicarles el plan de trabajo. Delegó entre los 5 empleados más preparados la búsqueda de nuevas herramientas, creación de los talleres y la fecha de entrega de cada uno. Con éxito pudieron entregar todo a tiempo y el proyecto final supero las expectativas.

Aquí vemos un ejemplo claro de lo que ambos tipos de líderes habrían hecho Ambos líderes no sabían en qué posición los ubicamos, pero sus acciones sí. Los líderes tenemos esa dualidad: nos agobiamos o somos proactivos, nos ponemos tensos o delegamos. Creemos que somos indispensables o identificamos nuevos líderes en desarrollo dentro de nuestra organización.

Un líder ordinario hace lo común por mucho tiempo, no se mueve hacia adelante. Piensa que su tiempo de crecer terminó o sin querer cree que si delega en alguien éste será mejor que él y perderá su trabajo. Caso contrario, un líder extraordinario observa posibilidades, no teme a ser desplazado, pues confía en sus capacidades y desarrolla a nuevos líderes que mantengan vivo su legado.

Es importante no etiquetarse o caer en el error de decir: "soy uno más", "no soy lo que era" o pensar que como líder o gerente no somos capaces de hacer o cumplir con algo, o que otros vean que no nos gusta lo que hacemos. La proyección hacia los demás es un punto clave en todo esto. Cuando nos proyectamos débiles, sin estrategias, cansados, desanimados ante nuestro equipo, éstos lo van a percibir rápidamente. Como líderes tenemos que dar la mejor impresión que sea ejemplo a imitar. Podemos tener días malos y agotadores, claro que sí, pero no puede ser lo habitual en nuestro desempeño diario. Ante esos retos debemos detenernos, recuperar nuevas fuerzas y volverlo a intentar. No debemos permitir que nuestro equipo se desanime o transmitirle esas energías. Asumir frente a nuestro grupo esa actitud es contraproducente, debemos estar conscientes de ello.

Un líder ordinario reúne un grupo de empleados para contarles lo peor de su empresa. Ese es el error más grande que podemos hacer. Esto hará que cuando la empresa (y ninguna es perfecta) mejore, los empleados quedarán con la peor impresión, lo cual es difícil de borrar.

Un líder ordinario es aquel que, con buenas intenciones, pero poca visión, dirige a un equipo de trabajo. No tener visión del futuro, de crecer, de hacer nuevas cosas nos mantiene en un estado ordinario y no nos permite avanzar.

Por otra parte, es importante para ese cambio de visión, identificar nuestras fortalezas y debilidades. Si entendemos que somos incapaces de crecer o creemos que nos faltan herramientas útiles, es tiempo de buscar ayuda. El Coaching Empresarial ayuda a transitar desde el punto de partida en el que te encuentras, al lugar donde desarrollarás y reconocerás tu máximo potencial.

A continuación, te presento varios aspectos importantes que debes considerar para convertirte en un líder extraordinario:

1. Ayuda a potenciar la capacidad individual de los integrantes de tu equipo.
2. Impulsa a que los empleados logren conductas compartidas.
3. Clarifica y dirige el rol de cada persona.
4. Ayuda a descubrir herramientas para enfrentar y resolver conflictos.
5. Define las reglas del juego sobre lo que está o no permitido hacer.
6. Facilita el hallazgo de los medios para responder de manera fácil a los cambios.
7. Mejora el cumplimiento de promesas y la coordinación de acciones.
8. Permite generar relaciones de confianza entre los miembros de la organización.
9. Mejora el nivel de compromiso con la empresa al tiempo que disminuye el ausentismo laboral.
10. Ayuda a las personas de la organización a encontrar su auto-aprendizaje.
11. Mejora las habilidades de las personas para colaborar de forma creativa, incrementado la capacidad de gestionar las incertidumbres.
12. Aumenta la productividad y la rentabilidad.

El primer paso para el cambio es aceptar que como líder necesitamos nuevas herramientas, métodos y apoyo de un profesional. No podremos llegar a ser líderes extraordinarios hasta que no aceptemos que estamos en el punto ordinario de nuestra carrera. Autoevaluarnos, autocriticarnos, ver dónde estamos y hacia dónde vamos. Hacernos las preguntas correctas y necesarias. Cuando nos preguntamos dónde estamos y hacia dónde vamos, seremos más efectivos, nuestro equipo se verá retado a cumplir con el plan para llegar a la meta. Si lo que estoy buscando me lleva a nuevas alternativas e innovaciones, nos daremos cuenta que vamos por buen camino.

Cuando un líder no se autoevalúa, deja de aprender. Esta es otra clave, nunca dejes de aprender. Aunque creamos saberlo todo, y haberlo intentado todo, siempre habrá una nueva forma de hacer las cosas.

¿Nunca te has preguntado como las grandes compañías y empresas llegaron a ser una marca reconocida mundialmente? Tras ese logro, hay al menos un líder con visión que nunca dejó de creer que lo podía alcanzar. El reconocido dueño de la cadena de tiendas Walmart, Sam Walton, comenzó siendo un empleado de una tienda por departamentos. Se convirtió en empresario y tuvo varios tropiezos antes de convertirse en lo que es hoy. Cuando comenzó con ideas que parecían innovadoras, abrió una tienda por departamentos a precios súper bajos. Lo que le sucedió fue que, como los precios eran bajos no contempló el alto costo de las rentas y utilidades y tuvo que cambiar el concepto. Walton no se rindió, a pesar de casi perder su primera tienda, se reinventó, cambió sus estrategias ordinarias y comenzó a formar lo que conocemos hoy como una de las cadenas de tiendas multimillonarias a nivel mundial.

¿Si el dueño de esta tienda se hubiese rendido que hubiera pasado? Seguramente estaría con el concepto anterior, tal vez hubiese cerrado su negocio y jamás lo hubiésemos conocido. ¡Ese punto es bien importante, no rendirnos! Salir de la rutina, de lo que siempre hacemos. No imitar a nadie, ser originales. No copiar y pensar que la fórmula de otros nos va a funcionar a nosotros. Realmente no hay fórmulas perfectas. Lo importante es encontrar nuestra propia receta del éxito y caminar en pos de ella.

En los siguientes capítulos, dejaremos a un lado aquellas prácticas ordinarias y comunes por otras eficaces y de empoderamiento. Con estas herramientas que vamos a desarrollar, serás un líder único, dinámico, comprometido, emprendedor y sentirte como tal; desarrollar líderes y ser un verdadero líder extraordinario en todo lo que emprendas.

Todos necesitamos quien nos dirija, quien nos diga "lo estás haciendo bien" o, por otro lado, necesitamos un líder que nos entienda, que nos dé el apoyo emocional que necesitamos cuando nos equivocamos y podemos mejorar. Los empresarios y líderes, necesitan alguien con la experiencia necesaria en su campo, que muchas veces caminó por el mismo lugar anteriormente y aprendió de esas experiencias, para ayudar a otros a poder llegar de similar forma a la meta. Puedes conocer cuál es tu objetivo y las estrategias que necesitas para lograrlo. Necesitas caminar hacia la meta, pero no lo puedes hacer errante, un Coach Empresarial te ayuda a delinear un plan de trabajo estructurado. Sin organización no puede haber éxito.

Recuerda que un líder ordinario, es un líder que conoce lo que está haciendo, trabaja, se esfuerza, tiene sueños y metas, aunque en muchas ocasiones camina solo y eso le impide avanzar. No delega responsabilidades, por las malas experiencias o la falta de tiempo, se limita a su horario y cree que no puede aspirar a más.

En cambio, un líder extraordinario tiene metas trazadas, un equipo de trabajo competente, objetivos delineados, un plan de trabajo organizado, medible y cuenta con el apoyo y las herramientas necesarias que le ayudan a maximizar el talento innato que se encuentra dentro de él.

Las herramientas de la Programación Neurolingüística (en lo sucesivo PNL), te empoderan para que puedas maximizar tus pensamientos, ideas, tu sistema de creencias, saber que deseas y lograrlo. Además, las herramientas de la PNL, te ayudaran a que aquello que anhelas lo puedas alcanzar con un simple pensamiento. Necesitas conocer cómo funciona tu mente y saber lo que es capaz de hacer, cada una de esas herramientas son las que vamos a estar explicando a lo largo de la lectura de este libro.

Una de las primeras herramientas que debemos utilizar a la hora de comenzar a ser líderes empresariales, empoderados por un buen Coach es cambiar el sistema de creencias. Como sabemos, la PNL nos enseña que existe un sistema de creencias desde nuestra niñez que va creciendo con nosotros hasta llegar a ser adultos. Muchas de esas creencias son tan poderosas y fuertes que son muy difíciles de cambiar a nivel cognoscitivo. Cuando nacemos vamos construyendo lo que somos y nuestro sistema de creencias, y parte muchas veces de la forma en la cual criaron a nuestros padres, en la mayoría de los casos esa es la forma que nos siguen criando a nosotros. Si desde pequeños nos hicieron creer que toda la vida seriamos empleados asalariados, sin metas más allá de tener una casa, familia y carro, con ese pensamiento vamos a crecer.

En cambio, determinarnos a cambiar ese sistema de creencias que nos limitan, por creencias poderosas de cambio, conlleva esfuerzo y preparación. Creencias limitantes que nos paralizan o no sabemos que nos limitan como: así nos criaron, pues así somos. Si queremos llegar a ser líderes empresariales reconocidos, que marquemos y hagamos la diferencia, dejando legados, es necesario cambiar nuestro sistema de creencias, comenzar a eliminar una creencia que nos limita, anotarla, identificarla para entonces establecer una nueva creencia de maximizar en positivo eso que eliminamos. Por ejemplo:

Creencia limitante: no tengo el dinero suficiente para ser dueño(a) de una empresa cuando tenga más edad.

Creencia positiva: Tal vez no tengo el dinero suficiente para ser el dueño(a) de mi empresa, aunque me puedo asociar con personas que deseen comenzar una pequeña empresa, desde nuestro hogar, luego en una pequeña oficina, hasta llegar a tener la empresa soñada.

Creencia positiva: Voy a investigar las reglas y normas de mi país, para conocer cuáles son los permisos para comenzar mi pequeño negocio. Voy a comenzar a promocionarme gratis por las redes sociales.

Aquí comenzamos a ver dos creencias positivas que eliminan la primera creencia limitante. Te determinas, escribes lo que deseas conseguir y comienzas a perseguirlo. Puede que al principio sientas que es una locura este cambio de pensamientos, pero vas a empezar a ver cambios, con tan solo intentarlo.

Una de las herramientas de la PNL que podemos utilizar tanto líderes, empleados, individuos o futuros Coaches empresariales para crear cambios permanentes es el anclaje. Los anclajes en PNL se basan en el concepto de tener la capacidad de entrar en un estado anímico más poderoso o más apropiado para una determinada tarea o evento, y luego ser capaz de acceder a ese estado en cualquier momento que lo necesites.

Para nuestro propósito, un anclaje (PNL) es cualquier estímulo que evoca un estado mental específico en alguien. Si queremos desarrollar cambios permanentes podemos utilizar esta eficaz herramienta. Uno de los valores más importantes que debemos desarrollar para dejar de ser líderes ordinarios es la confianza. Si no podemos confiar en nosotros mismos y en nuestras capacidades, no podremos confiar en nadie más.

A continuación, un ejemplo que podemos utilizar para desarrollar la confianza en nuestros clientes, equipo de trabajo o nosotros como líderes empresariales.

Tipos de Anclajes:

- Anclaje visual: imagen producida por la visión de un objeto.
- Anclaje auditivo: sonido claramente diferenciado de las situaciones habituales del individuo (palabras, sonidos).
- Anclaje kinestésico: sensación (olor, gusto o contacto).

Ejercicio: Confianza instantánea en todo momento

Paso 1: Lo primero que tienes que hacer es pensar en un momento en que tenías una gran confianza en ti mismo. Si por alguna razón no puedes pensar en alguna ocasión cuando te sentías seguro, entonces puedes imaginar cómo serías si tuvieras 100 % de confianza en ti mismo.

Paso 2: Crea una imagen muy vivida y detallada de tu persona mientras te sientes sumamente confiado. ¡Sientes que puedes conquistar el mundo!

Paso 3: Ahora, una vez que tienes esa imagen en tu mente, pon atención a los sonidos relevantes y toma conciencia de la sensación que te da tener plena confianza en ti mismo. El objetivo es hacer que este estado sea tan potente como sea posible.

En primer lugar, encuentra las sub modalidades visuales que tuvieron más efecto sobre ti y aplícalos a la imagen de ti plenamente seguro.

Recuerda utilizar las submodalidades de los tipos de anclaje del PNL auditivas y kinestésicas también. Si los sonidos tienen mayor influencia sobre ti, incrementa el volumen de tu imagen. Si las percepciones tuvieron mayor efecto, imagínate grande y poderoso.

Paso 4: Una vez que el sentimiento sea muy fuerte, es decir, te sientas sumamente confiado y seguro, debes notar cómo se mueve ese sentimiento a través de tu cuerpo, y hacer que la sensación se vuelva más y más fuerte a medida que avanza.

Paso 5: Así, mientras te concentras en incrementar la sensación de autoconfianza, punza suavemente la palma de tu mano con la uña del pulgar de la otra mano, y sigue oprimiendo la uña mientras el sentimiento de confianza se hace más fuerte y más fuerte.

Paso 6: Sigue haciendo esto hasta que la sensación de confianza llegue a su máximo posible.

Paso 7: Tómate un descanso por unos instantes para romper ese estado (basta con pensar en otra cosa)[1].

Análisis de los resultados:

Si no consigues entrar en el estado de seguridad plena, vuelve a iniciar el ejercicio y repítelo hasta que lo logres.

---

[1] Programacionneurolinguisticahoy.com (s/f) Anclajes PNL – Creando un Cambio Permanente parte 1 y 2.

Cuando el anclaje haya sido creado correctamente, te sentirás sumamente confiado.

Capítulo 2

Los Tipos de Líderes en la Empresa ¿Con cuál me identifico?

¿Qué tipo de líder eres? Esa es una buena pregunta que debes hacerte. Cuando comenzamos a dirigir dentro de nuestra empresa, compañía, entidad entre otras, debemos pensar qué clase de líder somos o en cuál queremos convertirnos. Recordando el primer capítulo, la impresión que les damos a los demás es bien importante.

Durante este capítulo vamos a dedicarnos a trabajar con las clases de líderes que existen y como procurar convertirse en el líder de vanguardia que queremos. Te ayudará a identificar qué tipo de líder eres, o a qué tipo de líder estas aspirando ser. Este proceso de crecimiento no es fácil, pero si posible.

Según la experta laboral Mayra Ortega (2010), existen seis tipos de liderazgo, pero sólo cuatro provocan un impacto positivo. También Ortega indica sobre las actitudes que debe tener un ejecutivo en tiempos de crisis. Las investigaciones realizadas por Daniel Goldman (2015) muestran que los ejecutivos efectivos tienen diferentes estilos de liderazgo en la correcta medida y en el momento adecuado. Un buen líder establece la estrategia, la ejecuta, define la cultura de la compañía, motiva a su gente y lo más importante, logra resultados.

Es de suma importancia ser efectivos en lo que hacemos. De nada valdría utilizar estrategias poco efectivas para lograr los cambios deseados. Un buen líder, toma decisiones acertadas en el momento correcto. No debe ser una sola clase de líder. Aunque nos identifiquemos y utilicemos una clase de liderazgo en particular, debemos lograr el balance.

Veamos algunas de las clases de líderes más importantes. Existen cinco niveles de liderazgo importantes, según John Maxwell (2011). Vamos a estudiar cada uno de ellos.

Comencemos con el primer nivel, que es el nivel de los derechos: la gente le sigue porque **tienen** que hacerlo. Es el nivel más bajo de liderazgo para cualquier persona, se basa en un título o descripción de trabajo. Si la gente sigue a un líder solo porque se le ha nombrado jefe o líder de equipo, ese es un líder por posición. Las personas en este nivel sólo siguen lo que les dice el líder por obligación, porque tienen que hacerlo.

En segundo nivel, tenemos el nivel de las relaciones: la gente le sigue porque **quiere** hacerlo. Este nivel de liderazgo se basa en la relación de un líder con sus seguidores. Cuando estos últimos comienzan a tener confianza a un líder, entonces comienzan a seguirle porque quieren. Los seguidores respetan y admiran mucho al líder y este gana facultad para influir sobre ellos. Cuando el líder tiene el beneplácito de la gente para dirigir, todo el proceso de liderazgo se hace más grato para todos. Pero solo las relaciones positivas no son suficientemente fuertes para crear un liderazgo duradero. Para cosechar las recompensas de un liderazgo positivo, tiene que subir al siguiente nivel.

El tercer nivel, es el liderazgo de producción. El nivel de los resultados: la gente le sigue por lo que ha hecho por la organización, grupo, iglesia o empresa. En este nivel de producción, la influencia se cimienta y el respeto crece por lo que el líder y sus seguidores logran juntos. La gente comienza a seguir por lo que el líder ha hecho por el equipo u organización. El éxito de un líder es beneficioso para todos sus seguidores, por ende, para la organización.

El cuarto nivel es el nivel de la reproducción: la gente le sigue por lo que ha hecho por ellos. El llamado más alto de todo líder es ayudar a las personas a desarrollar su potencial. Los mejores líderes ayudan a desplegar el potencial de los otros para que también lleguen a ser líderes. El líder que avanza hacia el nivel de facultar personas cambia su enfoque. De inspirar y dirigir seguidores, pasa a desarrollar y a dirigir líderes. Cuando se convierte en un líder que desarrolla personas, se esfuerza por reproducir su liderazgo en otros y ayudar a la gente a alcanzar el desarrollo de su potencial. El tiempo que pase con personas es una inversión. Como resultado, le respetan no sólo por lo que haya hecho por el equipo, sino también por lo que ha hecho por ellos como personas.

Todo el mundo quiere resultados. En especial las personas gozan de los resultados cuando participan en su creación. En este nivel, el líder y los seguidores empiezan a disfrutar juntos del éxito. Si el líder alcanza este nivel, apoyado por los seguidores, se logran muchas de las metas propuestas. Pero para alcanzar un impacto que cambia vidas y un éxito duradero, tiene que dar el salto al siguiente nivel.

El nivel del respeto: la gente le sigue por lo que es y lo que representa. Es el verdadero nivel de respeto. El líder que dedica su vida al desarrollo de personas y organizaciones produce un impacto tan increíble por tan largo tiempo que la gente lo sigue por lo que es y por lo que representa. Es el mejor de los mejores.

John Maxwell nos sugiere, que, como líder, no puede aspirar a alcanzar el nivel cinco. Lo más que puede tratar es trabajar para abrirse paso a través de los primeros cuatro niveles con tantas personas como las que pueda con el propósito de agregar valor a sus vidas. Haga de eso el todo de su vida como líder y el resto llegará solo. Debemos identificar en qué nivel y tipo de liderazgo estamos parados. Si entendemos que necesitamos cambiar, que luego de estudiar cada nivel, te identificas con un nivel inferior al que creías estar; la noticia es que estás en el mejor momento. Decimos en el mejor momento pues si no te autoevalúas y decides cambiar, estarás anclado en el nivel de líder ordinario por el resto de tu vida.

Analicemos cada uno de estos niveles de liderazgo. El primero nos indica que es por derecho. Un líder por derecho y posición, es respetado sólo por eso. Tal vez no demuestra un vasto conocimiento sobre la labor que requiere su puesto, pero su posición le brinda poder. Los empleados o gente a su cargo lo siguen porque tienen que hacerlo. Cuidado con esto, pues puede ser que sólo la gente siga este tipo de líder por su posición o cargo, y no porque estén convencidos de sus capacidades. Vemos empleados hablando fuera de la oficina de lo mal que su "jefe" hace o dice las cosas, pero pues con resignación, es lo que les tocó. Empleados que saben que lo harían mucho mejor que su líder o saben que están más preparados académicamente, pero por alguna razón, ese "jefe" llegó a donde está, no por sus capacidades, sino por amiguismos o alguna otra relación con sus superiores.

Este dato es de suma importancia porque te ayudará a identificar que como líderes no debemos caer en tener amigos con posiciones altas para que estos nos "acomoden" en un puesto de confianza. Esto no debe suceder. Al final, todos se darán cuenta de que estás en ese puesto por las razones incorrectas, tu imagen y decisiones no serán acertadas. Puede que aprendas en el camino, pero esto te desluce. Nada peor que un líder que sabe que no está en la posición porque realmente la merece y depende de las habilidades e ideas de otros para salir adelante.

El otro tipo de líder es el de las relaciones. Este tipo de líder es el que tiene seguidores. Es aceptado por sus empleados o equipo de trabajo. Este tipo de líder, al tener la aceptación de los demás, se siente seguro de su trabajo. Sabe que las decisiones que tome serán bien recibidas y acatadas por todos. Pero cuidado, resulta que cuando eres un líder que todos siguen, eres aceptado, "súper querido" por todos, puedes llegar a estar conforme con tu trabajo y no crecer más. Puedes estar muy cómodo porque como todos te "aman", estarán complacidos y no te retarán. También, conocemos líderes que se hacen muy amigos de sus empleados y debemos ser prudentes con esto, pues recuerda, son tus empleados no tus amigos. No te confundas, ni tu a ellos. Al pretender ser "amigo" de todos en ocasiones trae dificultades, ya que no siempre las decisiones que tomes estarán basadas en aspectos divertidos. En momentos especiales y específicos, un líder deberá tomar decisiones en beneficio de todo el equipo, lo cual puede ser incómodo para algunos, pero esto es parte de nuestra responsabilidad en la empresa.

El caso del tercer tipo de líder es el de producción. Este líder tiene seguidores por los resultados tangibles y esperados. Los demás saben que, con él, el equipo será ganador. En ocasiones, este líder debe siempre demostrar que lo está haciendo bien, pues de lo contrario los demás no lo seguirán. También este tipo de líder espera logros de su equipo de trabajo. Si no observa logros, se mueve hacia otra dirección. En ocasiones desplaza a empleados que no son eficientes o que no proveen los resultados esperados, por otros más proactivos.

El cuarto tipo de líder que debemos analizar es el líder de reproducción. Este tipo de líder es uno de los más importantes, porque no solo se preocupa por desarrollarse y crecer, este líder se propone reproducirse. Hacer que otros crezcan y se desarrollen como líderes, empodera a otros. Es bien importante esto, pues cómo líderes, encargados de un equipo, debemos sentir la necesidad de que los demás crezcan. Dejar un legado, sentirnos orgullosos de que empoderamos a otros, nos multiplicamos.

Por último, el quinto tipo de líder que, como el anterior, son escalas más allá de lo ordinario. El tipo de líder que los demás siguen y apoyan por que se ha ganado el respeto de todo su equipo. Ha sido tan eficaz que no solamente desarrolló a otros y dejó un legado, sino que también se ganó la admiración y el respeto de su equipo, de toda la empresa y su nombre es reconocido. Realmente es un líder extraordinario, al que todos debemos aspirar a ser. Nosotros debemos aspirar a ser un líder que desarrolle líderes extraordinarios y que nos ganemos el respeto por nuestras ejecutorias. Que la gente realmente reconozca nuestra persona porque lo ganamos con esfuerzo, no porque le caemos bien, o por ser su amigo o familia, entre otros. (Maxwell, 2011).

Después de analizar cada tipo de líder, piensa por un momento y autoevalúate sobre la clase de líder que eres. Hacia dónde quieres llegar, en qué tipo de líder te quieres convertir. Si estás leyendo este libro, vas por el camino correcto hacia el crecimiento y desarrollo. Siempre hay algo que podemos mejorar o cambiar. Nunca debemos dejar de aprender. El día que digamos que lo sabemos todo, ese día comenzaremos a perder lo adquirido. La experiencia y la preparación es muy importante, pero un verdadero líder aprende de otros, intercambia información, no teme a equivocarse pues sabe que es parte de su desarrollo y formación.

A continuación, presentamos una de las herramientas de PNL que es muy efectiva para desarrollar las habilidades de un líder e identificarse con grandes y exitosos líderes empresariales. Se trata de la técnica del Modelaje o Modelado.

La herramienta del modelaje está basada en observar a otra persona recopilando la información que lo hace diferente y único, que lo hace un líder exitoso, para luego imitar o copiar esa conducta exitosa.

Un ejercicio útil para empleados, líderes e individuos en general es modelar ese comportamiento exitoso de alguien en excelencia.

Nosotros como líderes en formación, muchas veces no tenemos la oportunidad de tener cerca a quien podamos imitar. Es necesario comenzar a cambiar de ambiente y núcleo para caminar en pos de nuestra meta.

Comienza a buscar líderes que desees imitar y seguir sus pasos. Por ejemplo: en tu empleo: ¿tu líder, gerente, dueño de la empresa es un líder exitoso? ¿Que lo hace exitoso? Escribe en un papel esas cualidades que posee. Obsérvalo cómo trata, sus cualidades desde que entra hasta que sale de la empresa. Fíjate como se dirige a los demás y anota esos datos, eso te ayudará. Otro ejemplo es ver cómo se desarrolló esa empresa. ¿Cómo comenzó? ¿Cuál es su historia? Es importante porque nadie comenzó de la nada y se hizo exitoso en un solo día.

Luego visualízate en su lugar y comienza a imitar con tu equipo de trabajo esas buenas cualidades Por otro lado, esto también se aplica a líderes fuera de lo empresarial, por ejemplo: un líder político, ilustre o filósofo que sea o haya sido un ejemplo. Observa sus cualidades y qué lo hizo o lo hace único. Práctica y luego hazlo con tu equipo de trabajo eso que ves en él y que deseas emular porque lo hace exitoso.

De igual forma, puedes hacer el mismo ejercicio de modelaje con un líder religioso que deseas imitar, gobernante, político, vecino. Hay tantos buenos líderes a nuestro rededor. Ellos deben ser buena influencia para ti. No olvides tomar notas de sus cualidades, una vez que los observes, identifica que es eso que poseen tan *importante* e imítalo. Otra forma, es leer sobre grandes líderes de la historia que te llamen la atención, aprende de ellos, estúdialos y comienza a identificar eso que los llevó al suceso, empieza a practicar esta gran herramienta y notarás los cambios con éxito.

Tres fases principales en el Modelado

- Observa al modelo
- Encuentra la diferencia que hace la diferencia
- Diseña un método para copiar o enseñar la habilidad[2]

---

[2] Programacionneurolinguisticahoy.com (s/f) Modelado PNL – Copia el Éxito de Otras Personas.

Capítulo 3

Actitudes Para un Buen Líderazgo Empresarial

Hablemos de la actitud. La actitud es más importante de lo que creemos. Una buena actitud nos lleva lejos, una mala actitud te puede llevar al fracaso como líder. Según el Diccionario de la Real Academia Española, se define la actitud como la disposición de ánimo manifestada de algún modo. Nuestra buena disposición ante los retos, ante nuestro equipo de trabajo es vital. Puedes ser un gran líder, estar preparado, tener todas las de ganar, pero tener una mala actitud, no te llevará muy lejos. La actitud es la clave del éxito. Si deseamos ser un líder de impacto, un líder extraordinario, debemos ser positivos, tener disciplina, respeto por los demás, con altos valores, con una actitud positiva aún en los peores momentos.

Daniel Goleman (2005), realiza una profunda investigación acerca del concepto de inteligencia emocional aplicado al trabajo y demuestra que quienes alcanzan altos niveles dentro de las organizaciones poseen un gran control de sus emociones, están motivados y son generadores de entusiasmo. Saben trabajar en equipo, tienen iniciativa y logran influir en los estados de ánimo de sus compañeros. Goleman aborda tres grandes temas que se relacionan con el trabajo: las capacidades emocionales individuales, las habilidades para trabajar en equipo y la nueva empresa organizada con inteligencia emocional.

Hace mucho tiempo aprendí que nuestra actitud, demuestra nuestra altitud. Los más grandes líderes de la historia, tenían la mejor actitud ante los retos. Un líder no habla de los demás, trata de no murmurar, aún en días malos, trata de no quejarse. Si se queja o preocupa, no lo hace frente a la gente. No muestra su parte débil o vulnerable, enfrenta los retos con valentía. Se goza el éxito de los demás y el suyo. Es proactivo y entusiasta. Sonríe, brinda los buenos días a todo su equipo, tiene don de gente. Una verdadera persona extraordinaria.

A continuación, daremos énfasis a varias de las características más importantes que debes tener como parte de tus actitudes en liderazgo.

Actitud #1: Disposición.

Un líder debe estar disponible, dispuesto, listo para sus empleados y para los retos. Deseas éxito, debes tener disposición de ayudar. Lo que siembras, cosechas. ¿Cómo deseas ser un líder que otros imiten si no estás dispuesto a luchar y trabajar proactivamente? Ser dado a los demás te dará éxito a ti y a los que te rodean. Que mal se siente ir a una oficina, para solicitar algún servicio y la persona que te atiende tiene la peor disposición, no te quiere ayudar, no demuestra interés por su trabajo. Nos sentimos mal, al percibir que no hay empatía ni interés ante nuestras peticiones o inquietudes. De igual forma sucede con líderes sin disposición. Abre la puerta de tu oficina, comunícate con tus empleados, muestra disponibilidad, sé agradecido, sonríe, brinda un saludo. Esa disponibilidad hace la diferencia.

Actitud #2: Ser agradecido.

Esta es una de las actitudes más importantes. El agradecimiento y la actitud de dar gracias te abrirá muchas puertas. A menudo vemos gente que no agradece nada. Creen que lo merecen todo, que es por su esfuerzo únicamente como llegaron a donde están hoy. Desde lo pequeño a lo grande, da gracias al que te devuelve el cambio en una tienda, hasta darle gracias a tu equipo por su esfuerzo ante labores realizadas. Cuando eres agradecido, serán agradecidos contigo, es cíclico. Si no eres agradecido no lo serán contigo. Cuando somos líderes, una de las mejores cualidades es el agradecimiento. Comienza a ser agradecido y a tener una actitud de agradecimiento, los resultados serán increíbles.

Actitud #3: Aprende a no quejarte.

Tenemos tanto y nos quejamos por todo, pensamos que nunca es suficiente. Creemos que la vida ha sido injusta con nosotros, vemos el punto negro en el gran papel blanco. Cuando somos líderes que aspiramos a crecer y a desarrollarnos más, lo primero que debemos hacer es no quejarnos. La queja y el negativismo nos detienen, nos envenenan la sangre. Vemos todo lo negativo del panorama que, la mayoría de las veces, es mínimo comparado con todo lo bueno de nuestra vida. Si tienes un empleo, familia, posición, finanzas estables, aspiraciones, no hay motivos para quejarte. Nunca tendremos todo lo que queremos al mismo tiempo. La vida no se trata de que sea perfecta, se trata de vivir cada etapa al máximo, dar lo mejor de nosotros y ver que aprendemos de cada paso. Si miramos a nuestro alrededor, nos daremos cuenta de lo afortunados que somos. Hay tanta necesidad y nosotros tenemos muchos motivos para ser felices.

La PNL nos enseña en sus herramientas, algunas descritas anteriormente, como piensas actúas. Como actúas lo proyectas y luego lo verbalizas. ¿Que estas confesando con tu boca? Analiza. Con esta nueva herramienta aprenderás a adoptar nuevas maneras de comunicación, en consecuencia, un mejor rendimiento laboral propio y en equipo.

Actitud #4: Sé servicial siempre.

Queremos que la gente, que nuestros empleados, nuestro equipo sea productivo y servicial. El primer paso empieza por uno mismo, siendo nosotros el ejemplo vivo. Nunca podremos pretender que nuestro equipo haga algo que nosotros no estamos dispuestos a hacer. Tenemos que ser serviciales en todo momento. Mostrar que ayudamos a otros, que no nos pesa trabajar arduamente por un objetivo, que ayudamos a todos por igual, que damos de nuestro tiempo. Como dice el refrán: "Si sirves realmente sirves". Es una actitud que los demás notarán en ti. Los grandes empresarios en su mayoría, empezaron siendo empleados. Cuando somos empleados en pleno desarrollo, tenemos que aprender a ser serviciales, dados a la gente, a recoger el papel en el suelo, aunque ese no sea nuestro trabajo. En ocasiones recogemos la ropa tirada en el suelo de una tienda por departamentos. Yo digo, "aunque no trabaje aquí, esa ropa que es nueva la gente la pisa con sus zapatos"; otros dirán: "como no trabajo aquí, no me importa para eso le pagan a alguien", grave error. No pretendemos que ahora estés trabajando todo el tiempo en una tienda, pero sí que no pises la ropa que está en el piso, recógela, ponla en su lugar y sigue tu camino. Este pequeño, pero gran acto, vale demasiado.

De igual forma como el ejemplo anterior sucede en el área empresarial. Aunque no es nuestro trabajo hacemos en muchas ocasiones lo que es correcto por el bien de la empresa. Al final de cuentas es una sola empresa, un solo barco, una sola meta. Así debe ser. Por eso te invito a que seas servicial, verás lo mucho que logras con esto. Anda atrévete a recoger la ropa del suelo un solo día y verás lo bien que se siente cuidar a otros, aunque no sea parte de nuestro trabajo.

Actitud #5: Valentía.

Esfuérzate y sé valiente. Debes ser valiente en el área empresarial. Este campo es sólo para gente atrevida. Si no te arriesgas, no ganas. Tomar riesgos es parte de ser líder empresarial. Cuando tienes una actitud de valentía, otros imitarán tu modelo. No seas tímido. No temas a perder o a fallar. Fallar es parte de nuestra formación profesional para intentar algo más grande. Lo importante está en atreverse a realizar cosas diferentes y poseer una actitud de valentía en todo momento. Sólo los valientes y atrevidos son los que al final logran lo que se proponen. La timidez, el miedo a lo desconocido no pueden ser parte de tu actitud como líder. Si los inventores de lo que conocemos hoy como el avión no hubiesen sido valientes a enfrentarse al reto de volar, hoy no disfrutaríamos de este gran privilegio, y es común para nosotros montarnos y viajar de un lugar a otro dentro de un avión. Pero hubo unos cuantos que lo intentaron, fallaron y volvieron a intentarlo hasta obtener lo que se propusieron: volar por encima de los pronósticos de lo imposible. No temas, confía, sé valiente, esa es la actitud de un líder.

Actitud #6: Actitud de aprender.

Como hemos dicho anteriormente, no existe una fórmula perfecta para hacer las cosas. Un buen líder debe tener la actitud siempre de seguir aprendiendo. Decimos que es una actitud pues cuando deseas aprender, lo haces. Cuando nos negamos a seguir aprendiendo, todo nuestro ser -empezando por el cerebro- lo sabe. Este es uno de los principios más importantes de la PNL. Si te cierras a adquirir nuevos conocimientos, eso mismo sucederá. La actitud de aprender nuevos estilos o estrategias de hacer las cosas, conlleva esfuerzo y deseos. Un líder no lo tiene que saber todo. Recuerda esto: siempre existe algo que debemos aprender. No te canses de aprender. Cuando deseamos aprender, aún de gente nueva dentro de nuestro equipo, aprendemos mucho e intercambiamos información. Nunca permitas esa actitud de decir "ya lo sé todo", "no hay nadie que sepa más que yo", ese error te puede costar caro. Siempre se aprende, aun de los errores que cometemos hay una enseñanza. Así que adelante, estudia, repasa, aprende, analiza, toma un nuevo curso de desarrollo profesional. Esta actitud de aprender continuamente te mantendrá a la vanguardia. Envía los pensamientos correctos a tu mente, y nunca dejarás de aprender.

Actitud #7: Sé proactivo.

En ocasiones, el paso y la actitud más importante es actuar, no procrastinar. Dejar para mañana lo que puedes hacer hoy. Es cuestión de actitud, si no actúas y te quedas sentado en tu casa, en tu oficina, no te llegarán las oportunidades. Debes tener la actitud de salir a buscarlas.

Luego de observar cada una de estas actitudes, es de suma importancia que te des la oportunidad de autoevaluarte. Puede que poseas más de las actitudes que señalamos. En este caso, te ofrecimos las actitudes que entendemos no deben faltarte para ser un líder extraordinario. Recuerda siempre, tu actitud determina tu altitud.

A continuación, presentamos un eneagrama sobre nueve tipos de personalidades. El eneagrama es una prueba de personalidad que permite que te puedas conocer a ti mismo. El resultado que obtendrás te ayudará a identificarte y a conocerte mejor para el beneficio tuyo y de tu equipo. En el mismo, incluimos varias de las actitudes que explicamos anteriormente en este capítulo. También, incluimos un *test* de personalidad para que el futuro Coach Empresarial pueda utilizarlo como parte de sus herramientas y poder apoyar a su cliente en identificar cuál personalidad posee. ¿Qué actitudes necesita y cómo comenzar a transformarse en un líder extraordinario?

Identificamos nueve tipos de actidudes que cómo líder debemos poseer:

- Triunfador
- Leal
- Entusiasta
- Pacificador
- Perfeccionista
- Servicial
- Sensible
- Pensador
- Líder

Ejemplo de "Prueba de personalidad de un líder"[3]: que construimos.

Instrucciones: Léelo detenidamente. Esta prueba ayuda a determinar tu perfil psicológico. Para responder adecuadamente, por favor, tenga en cuenta que se trata de 15 afirmaciones para las que se tendrá que preguntar:

¿Esto que está escrito aquí, es verdad para mí?

---

[3] Trejo M. (2012) Test de perfil Psicológico.

Si, casi siempre: Ponga en la casilla de la derecha 3 puntos:

A menudo: 2 puntos,
A veces 1: punto.
Casi nunca 0: puntos.

1. ¿El sentir que soy importante para otros, me gusta y enorgullece?			
Si, Casi siempre	A menudo	A veces	Nunca
2. ¿A menudo desaparezco durante horas para dedicarme a lo que me interesa?			
Si, Casi siempre	A menudo	A veces	Nunca
3. ¿Me gusta rodearme de mucha gente y sentirme el centro de atención?			
Si, Casi siempre	A menudo	A veces	Nunca
4. ¿Creo que necesito lograr muchas cosas para que los demás me aprecien?			
Si, Casi siempre	A menudo	A veces	Nunca
5. ¿Me siento a gusto en el papel de líder o jefe?			
Si, Casi siempre	A menudo	A veces	Nunca

…

6. ¿Me identifico tanto con mi trabajo o rol que me olvido de quién soy?			
Si, Casi siempre	A menudo	A veces	Nunca
7. ¿Suelo trabajar mucho y se cómo conseguir las cosas?			
Si, Casi	A menudo	A veces	Nunca

siempre							

8. ¿La honradez para mi es una virtud esencial?

Si, Casi siempre		A menudo		A veces		Nunca	

9. ¿Es importante para mi actuar con precisión y profesionalidad?

Si, Casi siempre		A menudo		A veces		Nunca	

10. ¿A menudo me siento conectado con la vida y la gente que me rodea?

Si, Casi siempre		A menudo		A veces		Nunca	

...

11. ¿Suelo tomar la iniciativa cuando quiero algo y me mantengo en la lucha por conseguirlo?

Si, Casi siempre		A menudo		A veces		Nunca	

12. ¿A veces sin que me lo pidan, ayudo enérgicamente a otras personas?

Si, Casi siempre		A menudo		A veces		Nunca	

13. ¿Me siento de forma incómoda trabajando bajo presión y con fuertes expectativas?

Si, Casi siempre		A menudo		A veces		Nunca	

14. ¿El tiempo que tengo libre casi siempre lo empleo en ayudar y beneficiar a otros?

Si, Casi siempre		A menudo		A veces		Nunca	

15. ¿Me cuesta aceptar la autoridad y que me digan lo que tengo que hacer?

Si, Casi siempre		A menudo		A veces		Nunca	

El perfil que se obtiene con este test refleja las funciones psicológicas principales de tu personalidad. Un equilibrio que a su vez se modifica con el transcurso del tiempo.

Según el resultado obtenido de tus respuestas vamos a presentar el siguiente eneagrama sobre los nueve tipos de personalidades de un líder.

Como Coach, éste eneagrama de personalidad te ayudará a poder identificar el perfil de personalidad de tu cliente. Deberás sumar los puntos de cada pregunta, para poder identificar los puntos fuertes y débiles de tu cliente, tu equipo o de ti mismo. A continuación, un ejemplo de cómo sería un eneagrama con los resultados obtenidos.

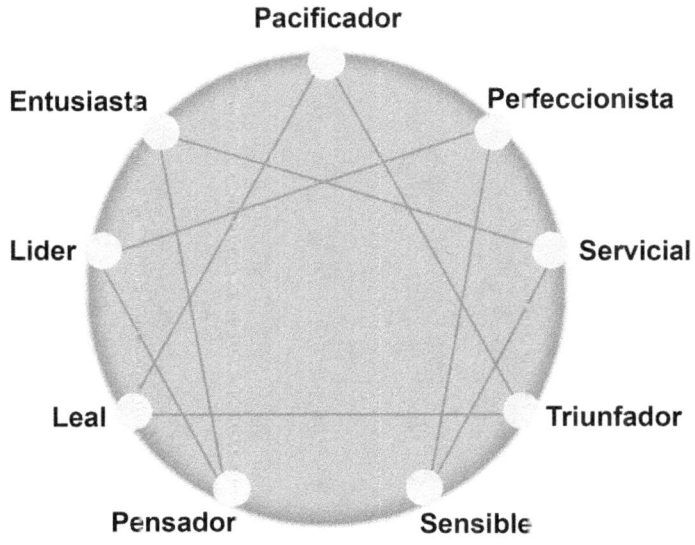

Fuente: Positivalia.com

Una vez que obtengas el resultado, debes analizarlo.

Esto te ayudará a identificar los puntos fuertes de tu personalidad y los que son débiles y deben mejorar. En adición es necesario que como Coach o líder nos evaluemos primero para poder dirigir y encaminar a los demás.

Capítulo 4

Paradigma Para el Éxito Empresarial

Paradigma es un término de origen griego, que significa modelo, patrón, ejemplo. En un sentido amplio se corresponde con algo que va a servir como modelo o ejemplo a seguir en una situación dada. En este capítulo hablaremos sobre qué modelo o modelos son efectivos para lograr el éxito en el liderazgo empresarial que deseas. Hemos estado desarrollando el tema con diferentes herramientas y como estas pueden ayudarte a dejar de ser un líder ordinario, para convertirte en un líder extraordinario. No existe una fórmula absoluta del éxito, pero sí varios modelos extraordinarios que vamos a analizar para extraer lo que estamos buscando que es el éxito.

En los últimos años ha cambiado la forma de liderar equipos, ya que ha habido un cambio en el líder, y en el equipo de trabajo… además, en la cantidad de generaciones que han ido pasando. El primer modelo duró 100 años, pero con estas nuevas generaciones que estaremos hablando es de 10 años e inclusive menos todavía, se trata de jóvenes que vienen con una formación totalmente distinta, esto según la revista ADEN Business School[4]. Estamos ante una nueva generación de líderes y empleados y esto conlleva cambio de paradigmas, estilos y enfoques.

Según Steaven Kaufman (Entrepreneur Network, 2016), la nueva generación millenials, son empleados diferentes al resto de las demás *generaciones* y esto lo debemos tomar en consideración. A continuación, varios datos importantes sobre un empleado *millenial*:

1. <u>Valoran más su tiempo que el dinero.</u>

No es un secreto que los empleados odian cuando sus jefes los mantienen en la oficina hasta tarde, o los bombardean con correos y llamadas durante los fines de semana. ¡No lo hagas! Tu respeto al tiempo de tu equipo debe ir más allá.

2. <u>Quieren saber qué está pasando con la empresa.</u>

¿Solo le dices a tus empleados aquello que consideras absolutamente necesario? Tus empleados *millennial* seguro lo odian.

Los trabajadores generalmente no se ofenden cuando no son incluidos en la toma de decisiones de una compañía, porque saben que ese es tu trabajo. Sin embargo, les molesta mucho no saber hacia dónde va la empresa y cuál es su plan de acción.

---

[4] aden.com (2016) Los nuevos Paradigmas del liderazgo.

Los empleados que no saben qué esperar de tu negocio para los próximos seis meses, sienten que no confías en ellos. Nadie da lo mejor de sí mismo en un trabajo donde no se le da la información esencial.

3. Quieren aprender algo.

En estos días es muy raro que un empleado se quede en la misma empresa durante toda su carrera, debido a varias complicadas razones.

"Actualmente el contexto cambiante y diverso obliga a los directivos a desarrollar un estilo pasional, conectado con las emociones y el autoconocimiento. El desafío, adaptarse a los nuevos estilos y adquirir las habilidades que necesitarás para ello".

Según las palabras de Gustavo Álvarez, profesor del Programa de Habilidades Directivas (PHD) de ADEN International Business School, es muy importante tener en claro que a las nuevas generaciones no les gusta estar mucho tiempo en el mismo lugar, requieren de un cambio. Lo sabrán los líderes actuales cuando se encuentran con jóvenes que a los cuatro o cinco años de haber entrado a trabajar se quieren ir de la empresa y quieren cambiar. [5]

Hoy el trabajo es algo que, si cada uno se dedicara a hacer lo que le gusta en el mejor ámbito, seguramente la forma de trabajar para todos sería mucho más divertida. Lo mejor que nos puede suceder es tener personal apasionado en cada uno de sus puestos de trabajo. Esta responsabilidad depende exclusivamente del líder, quien

---

[5] aden.com. (2016) Los nuevos paradigmas del liderazgo. Fuente: "Líderes de alto impacto" Dr. Roberto Rabouin.

debe descubrir las habilidades y gestionar el talento de cada una de las personas. ¡Qué mejor que tener gente en nuestro equipo que le apasione lo que hace!

Es esencial incrementar la pasión que como líder debes tener para que le puedas transmitir a tu equipo de trabajo, es un modelo que debe ser parte de ti. Analicemos varios paradigmas, sobre liderazgo hasta finales de los años 1970.

El paradigma de la teoría del comportamiento del liderazgo es diferente ahora, este modelo se concentraba en las acciones específicas del líder en el trabajo. Los investigadores buscaban un estilo de liderazgo único y compartido por los mejores, que fuera claramente distinto del utilizado por los líderes ineficaces. Otra variante sobre el mismo paradigma, fue estudiar la naturaleza de la labor del líder. Pese a cientos de estudios tratando de encontrar la relación entre el comportamiento del líder y las medidas de efectividad, nunca se llegó a un consenso sobre el mejor estilo de liderazgo aplicable a todas las situaciones. **El paradigma de la teoría del liderazgo por contingencia,** considera no solo el comportamiento del líder, sino también los seguidores y la situación. Esta teoría estudia la índole del trabajo realizado, los seguidores y el ambiente en el cual se desarrolla el trabajo. Se empezaron a clasificar los distintos tipos de organizaciones, así como tipo de seguidores para poder realizar los estudios.

El paradigma de la teoría integral del liderazgo lógicamente busca combinar las teorías de rasgos, del comportamiento y por contingencia para explicar las relaciones exitosas entre un líder y sus seguidores.

Estos paradigmas existen y han sido investigados por cientos de estudios y libros para líderes en todo el mundo. Ahora, vamos a analizar los nuevos paradigmas del liderazgo hasta este nuevo milenio de los años 2000. Como hemos visto, hubo un cambio de paradigmas del liderazgo y lo vamos a comparar en el siguiente cuadro:

Antiguo Paradigma	Nuevo Paradigma
✓ Estabilidad ✓ Control ✓ Competencia individual ✓ Uniformidad ✓ Fin personal ✓ Heroísmo	✓ Cambio y manejo de las crisis ✓ Delegación ✓ Colaboración ✓ Diversidad ✓ Fin: clientes, empleados, grupos de interés, equipo de trabajo ✓ Humildad

Es vital que, como líder en desarrollo, puedas comprender que tipos de paradigmas tienes y que herramientas necesitas para cambiarlos. La importancia de conocer las herramientas de empoderamiento y planificación es esencial para que puedas pasar de lo ordinario a lo extraordinario. Cada una de las herramientas y estrategias que desarrollaremos a lo largo de este libro, están diseñadas para que te identifiques. Recuerda, es parte de lo que necesitas para convertirte en un líder extraordinario. Con visión, con estrategias, con organización y planes de acción específicos y objetivos medibles.

Existieron unas causas para el cambio de Paradigmas del Liderazgo en los últimos tiempos. Hablemos un poco sobre estos cambios. Cómo afecta la globalización a las empresas[6].

1. Globalización: No hay empresa, grande o pequeña, que esté virtualmente protegida hoy en día del impacto de la globalización. Las amenazas competitivas son cada vez más globales. El creciente campo de acción de la competencia mundial está forzando a la continua evaluación de cómo los recursos humanos, pueden ayudar en el acelerado ritmo de ésta. La globalización ha puesto al alcance de cualquier empresa los mismos recursos competitivos. Hoy en día las empresas deben pensar en grande, porque es prácticamente inaudito seguir pensando en ser el mejor de una cuadra o un pueblo. Deben pensar en ser el mejor del mundo, ya que la globalización ha reorientado los esfuerzos de las empresas a la calidad.

2. Comercio electrónico: El comercio electrónico, también conocido como e-commerce (electronic commerce en inglés), o bien, negocios por internet o negocios, consiste en la compra y venta de productos o servicios a través de medios electrónicos, tales como internet y otras redes informáticas. Entre las ventajas que brinda el comercio electrónico, se encuentra la posibilidad de acceder a productos de todo el mundo, que ni siquiera están expuestos al público en un local físico. Esto le permite al vendedor ahorrar costos. Entre los aspectos negativos, existe un riesgo al introducir datos personales en un medio

---

[6] Maldonado. (2014) Cómo afecta la globalización a las empresas. Prezi.

electrónico ya que pueden ser sustraídos por *hackers*.

3. Trabajo a distancia: Puede decirse, por lo tanto, que el teletrabajo o el trabajo a distancia, ¿es el trabajo que se realiza a distancia? El trabajador, equipado con una computadora (ordenador) con conexión a internet, puede completar diferentes tareas casi como si estuviese en las oficinas de la empresa. Esta modalidad de trabajo ofrece diversos beneficios, tanto para el empleado como para la compañía. La principal ventaja del teletrabajo es que se evita la inversión de tiempo para el desplazamiento del hogar a la oficina. El trabajador puede desarrollar su labor desde su casa, sin necesidad de viajar a la sede de la empresa. Esto, además, posibilita que la persona pueda trabajar para una firma del extranjero sin ningún problema.

4. Equipos virtuales: Un equipo virtual es un conjunto de individuos que trabajan de forma independiente, para proporcionar soluciones de negocio a los clientes externos. Comenzar a utilizar equipos virtuales puede ser una forma de ofrecer los mejores productos y servicios, sin dejar de ser flexible para los clientes y responder a sus necesidades. Sin embargo, las nuevas empresas deben ser conscientes de las ventajas y desventajas de los equipos virtuales. Es importante destacar el contexto de los equipos virtuales ya que, existen organizaciones que ofrecen los servicios de un equipo virtual, contando a las personas adecuadamente cualificadas, disponibles, con diferentes niveles y áreas de experiencia. Este marco se puede complementar con la contratación de empleados virtuales, en múltiples ubicaciones geográficas, para apoyar a los clientes de

diferentes regiones. Un equipo virtual típicamente incluirá miembros que trabajan principalmente desde su casa y pueden tener una pequeña oficina centralizada para reuniones y proyectos de grupo para planificación y ejecución.

5. Subcontratación: También conocida como la prestación de servicios de profesionales, es un esquema muy común que ha sido adoptado por diversas empresas, con el fin de administrar de manera más eficiente los recursos humanos. En grupos de empresas, frecuentemente se ubican en una o más empresas los empleados de diferentes niveles y con diferentes funciones, para presentar diversos servicios al resto de las empresas del grupo. Esta modalidad se da generalmente cuando es necesario recurrir a manos especializadas en algún tema. Entonces, lo más usual, es que se contrate solamente al personal, en cuyo caso, los recursos (instalaciones, hardware, software) serán aportados por el cliente, o en su defecto, además de contratar al personal se contratan también los recursos. Por ejemplo, una empresa que se dedica a la realización de demoliciones, puede contratar a una empresa que se encarga únicamente de la recolección de los típicos residuos que produce una demolición.

6. Crisis e incertidumbre económica: La economía mundial se expandió solamente en un 2.2% en 2016, la menor tasa de crecimiento desde la Gran Recesión de 2009. Entre los factores que están afectando el desempeño de la economía mundial se pueden mencionar el débil ritmo de la inversión, la disminución en el crecimiento del comercio

internacional, el lento crecimiento de la productividad y los elevados niveles de deuda. Asimismo, los bajos precios de las materias primas han exacerbado estos problemas en muchos países exportadores de materias primas desde mediados de 2014, mientras que los conflictos y las tensiones geopolíticas continúan afectando las perspectivas económicas en varias regiones. Se pronostica que el producto bruto mundial se expandirá en un 2.7% en 2017 y un 2.9% en 2018, lo que es más una señal de estabilización económica, que un signo de una recuperación robusta y sostenida de la demanda global. El ligero aumento del crecimiento del producto interno bruto (PIB) proyectado para los países desarrollados en 2017, se explica principalmente debido al fin del ciclo de desestabilización en los Estados Unidos de América y al apoyo adicional de políticas macroeconómicas en el Japón.

Luego de estudiar a profundidad cada uno de estos datos importantes podrás entender los paradigmas y lograr un buen liderazgo ya que, en los últimos años, muchos conceptos y factores han cambiado. Lo que antes funcionaba para trabajar en una empresa, ahora es totalmente distinto. Las empresas y los grandes líderes se están moviendo al trabajo en equipo, desarrollo de líderes, delegación de tareas, empoderamiento, redes sociales, entre muchos otros. Todo con el fin de lograr los objetivos con innovación y pasión.

ADEN (2016) sugiere nuevos paradigmas empresariales del siglo 21 para nuevos modelos y estilos de trabajo.

✓ **Cambio y manejo de las crisis:** como líderes de nuestro equipo de trabajo debemos siempre contemplar los cambios constantes del mundo laboral y las crisis dentro de la empresa. Además, cómo se encuentra la sociedad actual. Muchas veces nuestros empleados no están dando el máximo y nosotros como líderes extraordinarios debemos conocer que puede estar ocurriendo para ser efectivos con estos.

✓ **Delegación:** dentro de los paradigmas para el éxito empresarial tenemos que aprender a delegar tareas. Es de suma importancia delegar. ¿Se nos hace difícil delegar en otros? Cuando no delegamos responsabilidades, nos estancamos, nos estresamos y nos cargamos de trabajo que en ocasiones nuestro equipo puede hacer con éxito. En adición, si deseas desarrollar nuevos líderes y no delegas, ni los capacitas, será imposible logarlo. Aprende a delegar tareas, realiza una agenda de trabajo a tus empleados y equipo de trabajo. Con el pasar del tiempo se acostumbrarán a tu estilo y será de éxito cada labor.

✓ **Colaboración:** El trabajo colaborativo es tan importante. Si tu lema es que somos un equipo, pues un equipo debe colaborar. Se trata de una sola meta, no varias metas individuales. ¡Es bien importante la colaboración?! Enseña a tu equipo bajo el nuevo paradigma de la colaboración. Los empleados se unirán, trabajarán mejor, se motivarán de saber y entender que son un equipo. Como líderes tenemos que trabajar colaborativamente y operar bajo dicho paradigma pues es el método correcto dentro de este mundo cambiante laboral.

✓ **Diversidad:** Dentro de las empresas se está dando un factor importante y es la diversidad. Debes entender y operar bajo los principios de la inteligencia emocional en la empresa. Hoy en día existe diversidad en muchos aspectos: diversidad de pensamientos, diversidad de estrategias, diversidad de empleos, diversidad de opiniones, en fin, un mundo diverso. Tenemos que como líderes entender la diversidad de nuestro equipo de trabajo y usarla a nuestro favor. Dentro de nuestro equipo debemos identificar fortalezas. Podemos tener empleados que sean excelentes comunicadores, otros redactando, otros expertos en tecnología, en organización, direcciones, creatividad, entre muchas otras. Es por esto, que debemos explotar la diversidad de nuestro equipo y trabajar cada tarea respetando este paradigma. De esta forma tendrás un gran equipo diverso, trabajando por un solo fin.

✓ **Fin: clientes, empleados, grupos de interés, equipo de trabajo:** Este paradigma es de suma importancia. Bajo los antiguos paradigmas, el fin no necesariamente eran los clientes, los empleados o el equipo de trabajo. Era un fin de terminar una meta, aunque fuera solo el "jefe". Ahora no debe ser así. Los nuevos líderes dentro de su meta incluyen a sus empleados, su equipo de trabajo y grupos de interés. Los Grupos de Interés se definen como todos aquellos grupos que se ven afectados directa o indirectamente por el desarrollo de la actividad empresarial y, por lo tanto, también tienen la capacidad de afectar directa o indirectamente el desarrollo de éstas (Freeman, 1983). Existen varias definiciones relativas al concepto de "Grupos de Interés" (también llamados "partes interesadas"), pero todas tienen en común el tratarse de aquellas personas, grupos, colectivos u organizaciones que se ven afectadas, de forma directa o indirecta, por las actividades o decisiones de las organizaciones. Esta definición recoge no solo a personas y/o grupos internos a la organización, sino también externos a ella y con diferentes grados de implicación.

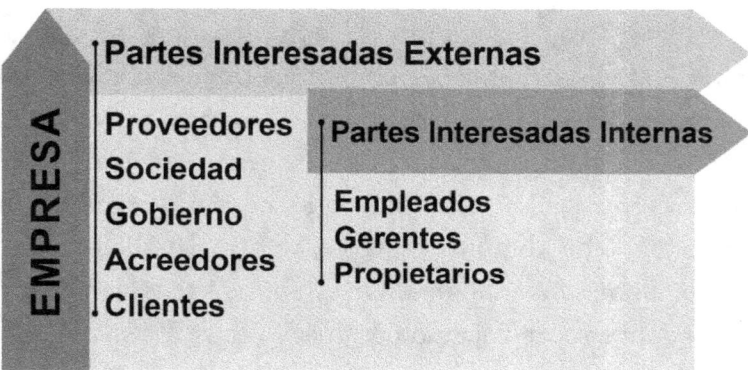

✓ **Humildad**: este es un gran valor que en todo equipo debe haber. Humildad es un estilo de vida más allá de los bienes monetarios que puedas tener. La gente confunde la humildad con pobreza, esto no es humildad. Humildad es un valor de actitud, de respeto, de ayuda y empatía. En nuestro equipo de trabajo debemos operar bajo humildad. En el antiguo paradigma los líderes tienden a ser autoritarios y se creían superiores. Bajo el nuevo paradigma de liderazgo se debe destacar la humildad del líder, que a su vez repercute en sus empleados.

Una de las herramientas que podríamos utilizar tanto

como Coach Empresarial, líderes, empleados u organización para operar bajo los nuevos paradigmas es el FODA. La matriz FODA, es parte fundamental de la planificación estratégica, que nos ayuda a evaluar los problemas dentro y fuera de la empresa. Está compuesta por una evaluación de las competencias internas como: Fortalezas, Debilidades, competencias externas como: las Oportunidades y Amenazas, que nos proporcionan un esquema para la toma de decisiones estratégicas. Se puede emplear tanto para pequeñas, medianas y grandes empresas, como también para los individuos.

Uno de los nuevos paradigmas empresariales de este milenio es el fin de los clientes, empleados, organización y nuestra empresa. Podemos analizar las Fortalezas, Oportunidades, Debilidades y Amenazas de nuestra empresa, recordando que es una herramienta valiosa para determinar donde se encuentra el líder y hacia donde puede dirigir las energías. Para ello, debemos realizar las preguntas que se incluyen en el diagrama de la próxima página.

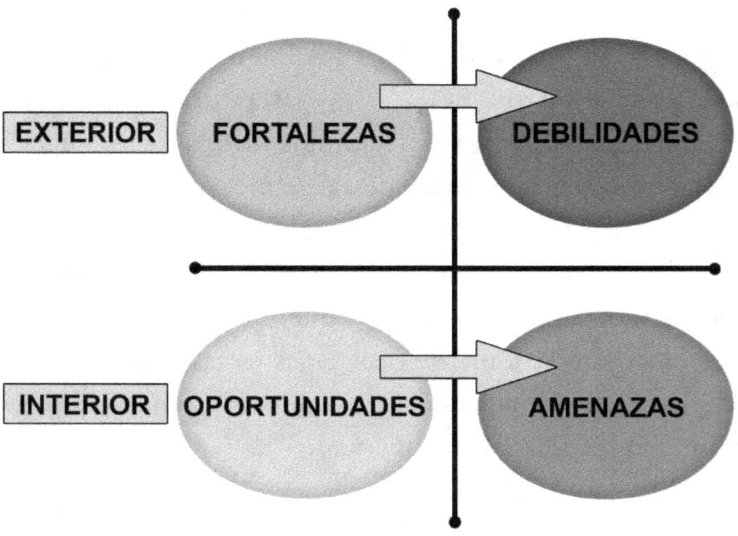

Ejemplo de FODA que podrías utilizar y sus preguntas guías:

POSITIVO

FORTALEZAS	OPORTUNIDADES
• ¿Qué es lo que hace mejor que otras personas? • ¿Qué diferencia a la organización? • ¿Existe una cultura positiva en la empresa? • ¿Cuál es el grado de solidez de su reputación? • ¿La visión es clara y proporciona dirección?	• ¿Cambian las demandas de las partes interesadas? • ¿existen partes interesadas que no son atendidas? • ¿Cómo puede aumentarse el compromiso? • ¿Cuáles son las oportunidades de globalización? • ¿Cómo pueden las naciones subdesarrolladas obtener mejor servicio?
DEBILIDADES	AMENAZAS
• ¿Qué hacen otras personas mejor que usted? • ¿Cómo puede ser más eficaz? • ¿Tiene a su disposición recursos adecuados? • ¿Puede tolerar fuerzas negativas?	• ¿Quién satisface mejor las necesidades de las partes interesadas? • ¿Qué cambios próximos son obsoletos? • ¿Quién atrae a las partes interesadas? • ¿Cómo cambia el entorno reglamentario? • ¿Cómo amenaza la tecnología?

INTERNO — EXTERNO

NEGATIVO

Fuente: www.icann.org

Capítulo 5

¿Cómo ser un líder extraordinario?

Dedicaremos este último capítulo a trabajar aspectos importantes a considerar, claves, estrategias, modalidades efectivas del Coaching Empresarial para llegar a ser un líder extraordinario. También, vamos a analizar datos reales sobre cómo se sienten cincuenta empleados encuestados sobre su trabajo, motivación y si están o no a gusto realizando su labor. De esta forma vamos a llegar a conclusiones del porqué de sus respuestas y cómo podemos empoderar a nuestro equipo de trabajo para que llegue a ser un equipo extraordinario. Recuerda, serás un líder extraordinario y en consecuencia, tu labor y tu equipo de trabajo también lo será.

Partiendo de la premisa que lo extraordinario, es distinto y separado de lo común, está más allá de lo ordinario de lo esperado, de lo habitual. Un líder extraordinario debe analizar a profundidad dónde se encuentra ahora y hacia dónde quiere llegar. En adición, en los pasados capítulos hemos estado estudiando y analizando cada una de las herramientas para empoderarte como líder. Una vez tengas norte, te sugerimos que hagas un plan de trabajo para ti

65

como empresario o como individuo. Se trata de tener una agenda detallada y definida. Es importante que lo hagas ya que puedes tener las mejores intenciones del mundo en ser un gran líder, pero sin un plan, no llegarás muy lejos. Separa tiempo para ti, tiempo para nutrirte, volver a estudiar, participa de talleres de desarrollo profesional. A la par de tu plan de trabajo, comienza a poner en práctica las herramientas efectivas con tu equipo de trabajo. Te invitamos a realizar una lista ó dicho en términos de Coaching, una rúbrica, que es una pauta o guía que mide el nivel de calidad y nivel en las tareas a través de criterios. Con dicha herramienta puedes ir viendo el progreso de cada estrategia implementada con tu equipo de trabajo. A continuación, te mostraré un modelo de lista focalizada o rubrica que puedes utilizar para comenzar a trabajar en ruta al éxito:

Ejemplo de una lista de cotejo: Marque con una x los criterios logrados, no logrados, en proceso.

Criterios	Logrado	En Proceso	No logrado	Observaciones
Reunión de Equipo. 1 vez al mes				
Redacción del plan de trabajo				
Equipos de trabajo informan mensualmente los logros				
Objetivos				
Metas a corto plazo				
Metas a largo plazo				

Esta hoja de cotejo de actividades o rúbrica la puedes modificar, pero te ayudará a establecer visiblemente cómo vas trabajando por ti y con tu equipo de trabajo.

Recuerda, como líder debes tener un plan a corto y a largo plazo. Para ser un líder extraordinario, utiliza todas las herramientas extraordinarias que conozcas. No temas a la extra organización, en ocasiones debes ser lo más estructurado posible. La desorganización es símbolo de mal liderazgo, nada peor que un líder sin organización personal y de su equipo, a la larga tus empleados se darán cuenta. Eso no falla. Nada más desagradable que ver una oficina de un líder, una empresa, sin organización administrativa. Eso es esencial. Organiza tu oficina y tus archivos, crea un correo electrónico personal, uno de negocios, otro de clientes y otro para empleados. Realiza agendas electrónicas. Existe un sinfín de aplicaciones digitales gratuitas para organizarte. Enséñaselas a tu equipo, ellos seguirán tu ejemplo, harán lo que tú hagas y terminarán imitándote. Motívalos a ser organizados, a rendir cuentas. Un líder extraordinario, rinde cuentas a sus superiores y hace que su equipo rinda cuentas.

Otro aspecto importante que podemos trabajar es que, para ser un gran líder extraordinario, debes considerar comenzar a evaluar a tu equipo. Hazte estas tres preguntas basadas en la felicidad/alegría de tu equipo:

1. ¿Cuál es el grado de placer del equipo? (motivación con la que trabajan).

2. ¿Realmente se sienten comprometidos con la empresa? (están conectados con la misión y visión de la empresa).

3. ¿Se siente el empleado que pertenece a algo grande? (conexión con la misión y visión, sentido de pertenencia, servir a otros y mostrar gratitud).

1. ¿Este empleado es eficiente?
2. ¿El empleado llega temprano?
3. ¿El empleado rinde cuentas de sus ejecutorias?
4. ¿Motivo realmente a que mi equipo sea creativo?
5. ¿Mis empleados se sienten motivados?

6. ¿Delego tareas a mis empleados?
7. ¿Mi equipo de trabajo, sabe trabajar en equipo?

Para no tener un equipo ordinario, es necesario evaluar las acciones, aptitudes y resultados de las tareas hechas por el equipo El liderazgo es una acción personal, se necesita crecer en conocimiento para inspirar al equipo. Sabes que estás ante buen líder cuando trabajas para uno que saca lo mejor de ti y te reta a llegar a ser mejor empleado o líder, y cuando estás ante líderes que incluso tienen dificultades para especificar lo que hacen. Y es que el buen liderazgo es dinámico, integrador de un conjunto de varias características que promueven la gestión del cambio para la buena salud de la organización.

A continuación, enumero los 12 Rasgos de un líder extraordinario que Workmeter (2015) dice debe poseer:

1. Valentía
2. Generosidad
3. Comunicación efectiva
4. Humildad
5. Autoconocimiento
6. Empatía
7. Pasión
8. Visión
9. Autenticidad
10. Rendición de cuentas
11. Accesibilidad
12. Sentido de propósito

Estos 12 rasgos son de gran importancia y hay que tenerlos siempre presentes. Haciendo referencia al capítulo

3, cuando hablamos de las actitudes de un líder extraordinario, estos rasgos se añaden a su perfil.

Sé valiente, generoso, comunícate efectivamente con tu equipo, siempre comunícate. Hay muchas maneras de hacerlo: vía correo electrónico, vía mensajes de texto, vía tablón de edictos, entre otras herramientas; incluyendo un sinfín de aplicaciones tecnológicas. Se humilde, en todo tiempo y autodidacta. Debes educarte tú mismo también, ten empatía y trata a los demás como quieres que te traten. Debes tener la pasión necesaria por tu trabajo, pues el liderazgo debe apasionarte. Como ya aprendimos, debes tener una visión clara de lo que deseas: visualizarte y enseñarle a tu equipo a visualizarse. Debes ser un líder atentico, único, original y especial. Diferente a todos los demás. Lo que otros hacen no tiene que ser lo que tú hagas. Lo que es efectivo para los demás, no tiene que ser efectivo para ti. Por eso, sé auténtico, tus estrategias y herramientas de trabajo deben ser únicas.

Rinde cuentas y que tu equipo también lo haga. Esto es fundamental para el éxito. Siempre sé accesible ante todos, eso te hará diferente y te distinguirá. Lo más importante para ser un líder extraordinario: camina con sentido de propósito. Tienes un propósito en tu trabajo, en tu empresa. Enséñale a tu equipo el sentido de propósito, pues siempre hay una razón de ser en lo que hacemos. Debemos caminar bajo este principio poderoso.

A continuación, te presento varias herramientas de diagnóstico, veremos:

- Herramientas de estrategias de planificación.
- Herramientas de empoderamiento que vas a necesitar para convertirte en un líder extraordinario.

Plan de acción sugerido para desarrollar:

- Enumerar las acciones a llevar a cabo. Redacción de objetivos.
- Fijar responsabilidades para el logro de dichos objetivos.
- Cuándo se hará y en qué orden. Necesitas determinar el tiempo de duración. Para el logro de los objetivos, que orden será y propósito.
- Qué recursos necesitas. Debes identificar y hacer un estado de situación. Qué posees y que necesitas, desde recursos físicos, materiales, recursos humanos, entre otros.

Te ayudará a identificar dicho plan de acción y a comenzar a trasladarte de prácticas ordinarias a extraordinarias. Como detallamos en estos cuatro pasos, debes siempre tener un plan de acción establecido que te permita definir el tiempo, recursos y personas responsables para el logro de los objetivos. Cuando comienzas a empoderarte, un Coach Empresarial te brindará las herramientas necesarias para comenzar a implementar tu plan. Muchas veces todas las estrategias, habilidades y fortalezas se encuentran dentro de ti, pero no las puedes identificar. Esta es una de las metas del Coaching Empresarial: que puedas alcanzar tu máximo potencial.

A continuación, te presento unos ejercicios que puedes aplicar para que identifiques fortalezas y áreas de oportunidad. Recuerda, debes autoevaluarte para que puedas identificar el punto de partida y hacia dónde quieres llegar. Este ejercicio es parte del estudio de necesidades que podemos hacer:

1. Para comenzar a trabajar en el logro de metas en mi empresa o en mi área de trabajo debo:

a) Escribir objetivos.
b) Diseñar un plan de acción detallado.
c) Tener el deseo de organizarme y empoderar a mi equipo.

2. En la empresa para la cual trabajo y lidero debo conocer:

a) El dueño y a todos los empleados para crear una buena comunicación.
b) La visión y misión de la empresa para el logro de los objetivos y metas.
c) Estrategias empresariales para el éxito colectivo de todos.

3. Con mi equipo de trabajo, no solamente me debo comunicar, si no también debo emplear:

a) Estrategias de comunicación efectiva.
b) Herramientas de la inteligencia emocional.
c) Pensamiento crítico.

4. Todas las empresas, empresarios y líderes, necesitan:

a) La preparación académica necesaria para su puesto.
b) Utilizar herramientas del Pensamiento

Neurolingüística.

c) Las metas a largo plazo de la empresa.

5. Uno de los primeros pasos para comenzar a realizar prácticas extraordinarias junto a mi Coach Empresarial es:

a) Realizar un informe de logros anual a todo el equipo de trabajo.
b) Evaluar e identificar qué áreas del plan de acción se lograron y cuáles no para trabajar sobre de ellas.
c) Reunirme con mi equipo de trabajo mensualmente y ofrecerle desarrollo profesional.

Una vez hayas completado este ejercicio, te brindamos, basado en tus respuestas, cómo te puedes autoevaluar:

➢ Mayoría de respuestas con la letra a: Eres un empresario que tiene como propósito su empresa y empleados. Te preocupas por tus empleados y superiores. Entiendes que la comunicación lo es todo. Sin embargo, no estás empleando las herramientas más efectivas. Necesitas pasar al siguiente nivel.

➢ Mayoría de respuestas con la letra b: Eres un empresario que conoces bien el punto de partida en el que estas y hacia dónde quieres llegar. Para ti es importante no solamente conocer la visión de la empresa, sino que también utilizas las herramientas como parte de tus prácticas. Conoces lo valioso que puede ser con tu equipo u organización emplear herramientas del PNL y la inteligencia emocional, tanto para tu desarrollo profesional, como el de tu equipo de trabajo.

➢ Mayoría de respuestas con la letra c: Eres un empresario y líder que empleas estrategias y herramientas que de seguro logras con éxito. Tu equipo y superiores están orgullosos de ti. Puede que estés en transición, ya que empleas y diriges con prácticas efectivas, pero bajo antiguos paradigmas de liderato. Necesitas, si te das la oportunidad, un Coach Empresarial que pueda maximizar el potencial que de seguro está dentro de ti y no te has dado cuenta, según el Test de Perfil Psicológico. (Trejo, 2012)

Ahora te presento una de las herramientas que puedes utilizar; una hoja de evaluación para que te autoevalúes como líder:

Indicadores	Logrado	No logrado	En proceso
Estableces acuerdos con otros líderes de la organización o eres un líder solitario.			
Asumes los compromisos o los esquivas.			
Más allá de asumir los compromisos, los logras cumplir.			
Te demuestras en sintonía con el norte de la compañía.			
Cumples con los procedimientos establecidos por la compañía.			
Haces visibles tus acciones y decisiones al resto de la compañía.			
Eres buen motivador de tu equipo.			
Te comunicas adecuadamente con tus homólogos, superiores y gerentes.			
La relación Productividad-Calidad de tu equipo es la esperada.			
Eres realista y pragmático a la hora de las buenas oportunidades.			

Recuerda que debes autoevaluarte para conocer dónde estás y hacia dónde te diriges. Si no te evalúas, no puedes comenzar a cambiar. Ahora, ampliaremos el tema de cuál es la importancia del propósito empresarial.

¿CUÁL ES LA IMPORTANCIA DEL PROPÓSITO EMPRESARIAL?

Carlos Cobian (2015), Fundador de Cobian Media, afirmó: "sobre todas las cosas, el propósito tiene una función inspiracional". Es la expresión del enfoque filosófico de la empresa, busca conectar con un aspecto emocional con el que los clientes se puedan identificar.

Brian Sooy[7] dice en su artículo de Aespire (2015): el propósito es el porqué de una empresa, su razón de ser. Así como la visión y misión ayudan a guiar a la organización internamente, el propósito sirve para crear un vínculo profundo entre la empresa y sus seguidores.

Cuando identificas el propósito fundamental de tu empresa, comienzas a caminar con sentido de pertenencia y determinación. Proponte algo y alcánzalo. Determina firmemente una meta y persíguela. De esto se trata llegar a ser extraordinario. Un líder exitoso y extraordinario tiene propósito.

El propósito de una empresa debe ser claro y con sentido. A menudo, vemos grandes negocios comenzar y no prosperar. Por el contrario, cuando observamos inicios de

---

[7] Brian Sooy. Presidente y Director Creativo de Aespire.

empresas pequeñas, con uno o dos empleados, con un líder o administrador que no se detiene ante nada y se nota que está creciendo, es porque tiene un objetivo claro, una meta definida que alcanzar y sabe cuál es su propósito con esta nueva etapa, con pequeños pero firmes pasos.

En ocasiones, estas pequeñas empresas comienzan desde muy abajo, pero poseen un plan delineado, las herramientas necesarias y un líder que sabe lo que quiere abarcando un área determinada. Hay un gran lema que dice que el que abarca mucho o demasiado, poco llega a obtener. Estamos tan afanados por tenerlo todo, que muchas veces no logramos tener nada.

Ten siempre presente estas preguntas que solo tú las puedes responder:

¿Estoy/estamos cumpliendo con el propósito? Esto te indicará observar si tu entorno está o no trabajando en el objetivo.

¿Está el equipo moviéndose en la misma dirección? Si el equipo conoce con exactitud el propósito por el que están trabajando, darán el máximo con entusiasmo.

¿Cómo podemos aportar más a la sociedad? Éste será la guía para el impacto positivo interno, es decir, compromiso y entusiasmo en el equipo.

Son preguntas que a diario debemos hacernos porque es la única manera de estar enfocados en el propósito real de nuestra empresa. No debe ser porque "si". Debe existir un propósito, un sentido y un plan definido de lo que se quiere emprender. Si no identificas y te enfocas en el propósito de tu empresa, y para ti como líder, no llegarás muy lejos. Tampoco lo podrás hacer solo. Se necesita un equipo de trabajo, comenzar a rodearse de gente emprendedora, aprender de otros, educarnos, leer un libro como este que te enseñe herramientas de empoderamiento y capacitación profesional para superar nuestras propias expectativas. Si necesitas un coach empresarial, no dudes en buscarlo. Eso te dará ventaja en este viaje que deseas emprender o por el cual ya estás caminando.

En esta búsqueda constante de información, encontré estas poderosas frases de inspiración de grandes empresarios y líderes de empresas reconocidas a nivel mundial. Las quiero compartir, pues entiendo que son muy pertinentes con el tema.

Inspiradores propósitos de estas conocidas empresas:

- 3M: "Resolver problemas sin solución de forma innovadora".
- Cargill: "Mejorar el estándar de vida alrededor del mundo".
- Fannie Mae: "Fortalecer el tejido social democratizando continuamente la propiedad de viviendas".
- Hewlett-Packard: "Hacer contribuciones técnicas para el progreso y el bienestar de la humanidad".
- Lost Arrow: "Ser un modelo y herramienta del cambio social".

- Pacific Theatres: "Proveer un espacio para que prosperen las personas y mejore la comunidad".
- Mary Kay: "Darles oportunidades ilimitadas a las mujeres".
- McKinsey & Company: "Ayudar a que los gobiernos y corporaciones líderes del mundo tengan más éxito".
- Merck: "Proteger y mejorar la vida humana".
- Nike: "Experimentar la emoción de competir, ganar y aplastar a los competidores".
- Sony: "Experimentar la alegría de promover y aplicar la tecnología para el beneficio del público".
- Telecare Corporation: "Ayudar a que las personas con discapacidad mental desarrollen plenamente su potencial".
- Wal-Mart:" Darle la oportunidad a la gente normal de comprar las mismas cosas que la gente rica".
- Walt Disney: "Hacer feliz a la gente".
- ING: "Darle a la gente el poder de mantenerse un paso por delante en la vida y los negocios".
- Kellogg's: "Alimentar las familias para que puedan prosperar y florecer".
- IAG: "Ayudar a la gente a gestionar riesgos y a recuperarse de las penurias de pérdidas inesperadas"[8].

Cada vez que puedas, te invito a leer estos grandiosos propósitos para la sociedad, para que te den la motivación a crear el tuyo, como el líder extraordinario en el que te convertirás.

Si no empoderas a tu equipo y a ti mismo, tus empleados

[8] Cobian (2015) 17 Eemplos de Propósito de una Empresa.

no sentirán el sentido de pertenencia y propósito que deseas.

Ahora, aprenderemos a utilizar una herramienta para el logro de las metas con el Modelo **SMART**. ¿Qué es **SMART** y cuáles son sus orígenes?

En 1981, el profesor e investigador George T. Doran publicó un artículo en la Revista Management Review en el que definió la palabra SMART que proviene de la lengua inglesa y quiere decir "inteligente o astuto" sus iniciales indican lo siguiente: específicos, medibles, alcanzables, realistas y tiempo de implementación. Con estas cinco características se puede establecer objetivos bien plantados y permitirá controlar su cumplimiento[9].

1. Identifica tus objetivos.
2. Escribe tus objetivos a corto y largo plazo.
3. Delinea un plan de trabajo estratégico para el cumplimento de esos objetivos.
4. Identifica tus recursos.
5. Identifica tus áreas de oportunidad.
6. Identifica prioridades y el tiempo estimado en cada uno de los objetivos que te propusiste.
7. Asigna a tu equipo de trabajo tareas para trabajo colaborativo en dichos objetivos.
8. Debes delegar y establecer la rendición de cuentas.

Repasa el modelo SMART a continuación, para que obtengas las herramientas de cómo caminar firme en tus

---

[9] Ibrahims (2017) Smart, Herramienta para obtener Objetivos alcanzables

objetivos trazados y alzarlos hasta lograrlos.

Para que un objetivo sea eficaz, debe contener las cinco características clave, que son las siguientes:

Específico (Specific): El objetivo debe ser lo más concreto posible. Cualquier persona que sepa tu objetivo debe saber que es exactamente lo que pretendes hacer y cómo.

Medible (Measurable): El objetivo debe ser medible, por lo que ha de ser una meta cuantificable. En algunos casos es complicado, pero debe poder ser medible para poder analizar nuestras estrategias.

Alcanzable (Attainable): El objetivo debe ser ambicioso, un reto para nosotros, pero posible. Hay que dar la posibilidad de reajustar los objetivos si hay cambios en el entorno.

Realista (Realist): Debemos tener objetivos dentro de nuestras posibilidades (tanto por nuestros recursos disponibles, como por nuestra motivación por lograr dicho objetivo).

Tiempo (Timely): Hay que tener establecido una línea de tiempo, cada objetivo debe estar definido en el tiempo, ya que nos ayudará a marcar las distintas etapas que nos permitirán llegar a la meta propuesta.

OBJETIVOS

Específico	Medible	Alcanzable	Realista	Tiempo
¿Qué?	¿Cuánto?	¿Cómo?	¿Con qué?	¿Cuándo?

CONCLUSIÓN

Ser un líder extraordinario conlleva muchos aspectos importantes, los cuales analizamos en este libro. No basta querer ser un gran líder, hace falta más que eso.

Debemos tener las herramientas, determinación, carácter, un plan trazado y tener una visión definida. También, debes tener la capacidad de empoderarte para poder empoderar a otros.

La visualización es determinante cuando queremos llegar a ser líderes extraordinarios, y más aún, como futuros Coaches. Nosotros como Coaches o líderes, tenemos que poseer todas las herramientas descritas en este libro para poder llevar a nuestros clientes y equipo de trabajo al lugar en que los queremos posicionar.

Cuando somos líderes extraordinarios dejamos de hacer lo común para movernos hacia otra dirección, el camino no será fácil, pero tampoco imposible. Muchas empresas que conocemos hoy, comenzaron con un sueño, con una visión clara de lo que querían lograr. De la nada, de ordinario a extraordinario, comenzaron este largo camino.

En esta aventura vimos que se vale equivocarse, cometer errores, es parte fundamental del aprendizaje, reestructurar nuestros objetivos y detenerse para tomar fuerzas, recargar nuestro equipaje de herramientas y proseguir hacia nuestra meta. En fin, este libro nos ayuda a comenzar a realizar un gran cambio de paradigmas, atrevernos a lanzarnos y crecer, como Coaches y líderes.

La vida está hecha sólo para valientes. Atrévete a acelerar tu camino profesional y llegarás tan lejos como te lo propongas.

BIBLIOGRAFÍA

1. Dilts, Robert (2013) *Cómo cambiar creencias con el PNL.* Sirio, Illinois

2. Goleman, Daniel (2005) *Inteligencia Emocional en el Trabajo: Como Seleccionar y Mejorar la inteligencia emocional en individuos, grupos y organizaciones.* Kairos, Barcelona.

3. Maxwell, J. (2011) *Los 5 niveles de liderazgo.* Center Street, New york.

E-grafía

1. Schultz, M. (2010) Cómo distinguir a un líder positivo. Expansión. Recuperado de:
http://expansion.mx/opinion/2010/08/27/como-distinguir-a-un-lider-positivo

2. es.workmeter.com (2014) Tipos de liderazgo empresarial ¿Cuál es el tuyo? Recuperado de:
http://es.workmeter.com/blog/bid/314468/6-tipos-de-liderazgo-empresarial-cu-l-es-el-tuyo

3. Maldonado, Y. (2014) Cómo afecta la globalización a las empresas. Prezi. Recuperado de:
https://prezi.com/mCxg7bwhqzaf/como-afecta-la-globalizacion-a-las-empresas/

4. Chica, R. (2017) Economía Mundial, riesgos e incertidumbre, Portafolio. Recuperado de:
http://www.portafolio.co/opinion/otros-columnistas-1/economia-mundial-2017-riesgos-e-incertidumbre-analisis-ricardo-chica-502680

5. Ejemplos de propósitos de una empresa, (2015) Cobian Media. Recuperado de: http://www.cobianmedia.com/2015/03/04/ejemplos-de-propositos-de-una-empresa/

6. aden.com (2016) Los nuevos paradigmas del liderazgo. Recuperado de: http://www.aden.org/revista/los-nuevos-paradigmas-del-liderazgo/

7. AC Coaching, (2011) Beneficios del coaching para las empresas, Recuperado de: http://accionesdesarrollo.com/12-beneficios-del-coaching-para-las-empresas/

8. Emprendimientocolectivo.org (2015) 4 Pasos para desarrollar un buen plan de acción, Escuela de Economía Social. Recuperado de: http://blog.emprendimientocolectivo.org/4-pasos-para-desarrollar-un-buen-plan-de-accion/

9. programaciónneurolinguisticahoy.com (s/f) Anclaje PNL-Creando un Cambio Permanente (parte 1 y 2). Recuperado de: http://programacionneurolinguisticahoy.com/anclajes-pnl/

10. Botello, J. (s/f). El eneagrama: Una magnifica herramienta de desarrollo personal. Recuperado de: https://positivalia.com/eneagrama-una-magnifica-herramienta-desarrollo-personal/

11. buenosnegocios.com. (2012) Análisis FODA: diagnóstico para decidir. Recuperado de: http://www.buenosnegocios.com/notas/231-analisis-foda-diagnostico-decidir

12. Gozáles, A. (2015) Análisis FODA: conoces realmente sus beneficios para tu empresa o marcas. Magenta, Innovación Gerencial. Recuperado de: http://magentaig.com/analisis-foda-conoces-realmente-sus-beneficios-para-tu-empresa-o-marcas/

14. Ibrahims, R. (2017) SMART, HERRAMIENTA PARA OBTENER OBJETIVOS ALCANZABLES. Social Media Lideres. Recuperado de: http://socialmedialideres.com.ve/objetivos-alcanzables-a-traves-de-smart/

15. Pastor, M. (2015) Las 8 estrategias transformadoras de la PNL. La Mente es Maravillosa. Recuperado de: https://lamenteesmaravillosa.com/las-8-estrategias-transformadoras-la-pnl/

16. Trejo, M. (2012) Test de Perfil psicológico. Recuperado de: http://m.micoach.es/eneagrama.html

17. Sooy, B. (2017) Strategy & Design — Empowering your Purpose. Recuperado de: http://www.aespire.com/what-we-do/services

18. Kaufman, S. (2016) 6 conceptos que tus empleados millennial quisieran que entendieras. Steven Kaufman, 2016. Recuperado de: https://www.entrepreneur.com/article/281259

19. WorkMeter. (2015) 12 Rasgos de un líder extraordinario. Recuperado de: https://es.workmeter.com/blog/bid/362582/12-rasgos-de-un-l-der-extraordinario

ANEXOS

La encuesta es de gran importancia, ya que valida lo que quise plasmar en las páginas de este libro.

Las preguntas de la encuesta fueron:

1. ¿Te gusta el trabajo que realizas actualmente?

2. ¿Tienes una agenda de trabajo para tus tareas diarias?

3. ¿Tu supervisor o líder te ofrece instrucciones claras y precisas sobre las tareas que debes realizar?

4. ¿En tu trabajo te motivan a tomar la iniciativa o a crear nuevas ideas para mejorar el trabajo que realizas?

5. ¿Sientes que el trabajo que realizas ahora será el mismo para toda tu vida laboral o productiva?

Análisis de los resultados:

Gráficas por pregunta:

Analicemos los resultados de la encuesta. Vemos claramente que 20 empleados indicaron que estaban a gusto en su trabajo actual. Sin embargo, en la respuesta a la pregunta número 2, solamente 10 empleados contestaron que tenían una agenda de trabajo para realizar sus tareas. Este dato es muy importante pues nos indica que se necesita organización en las empresas o equipos de trabajo. Los empleados carecen de herramientas de organización eficaces. Se necesitan líderes que les enseñan y modelen a su equipo realizar planes de trabajo, agendas, archivos y otros instrumentos eficaces para logar las metas trazadas.

1. ¿Te gusta el trabajo que realizas actualmente?

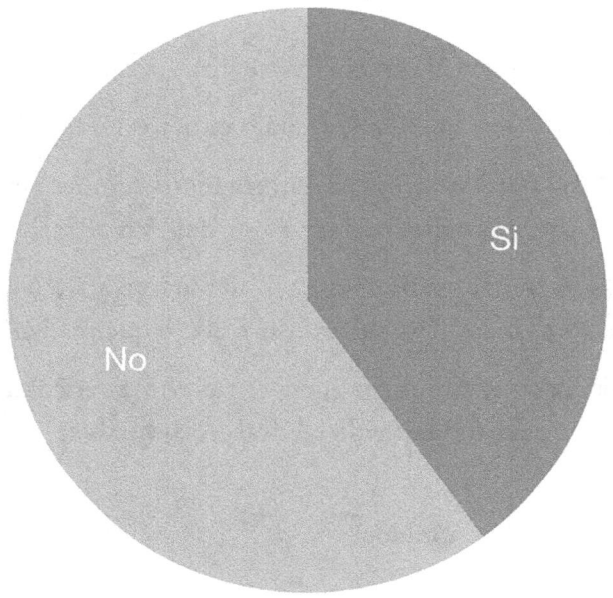

Si = 20 | No = 30

2. ¿Tienes una agenda de trabajo para tus tareas diarias?

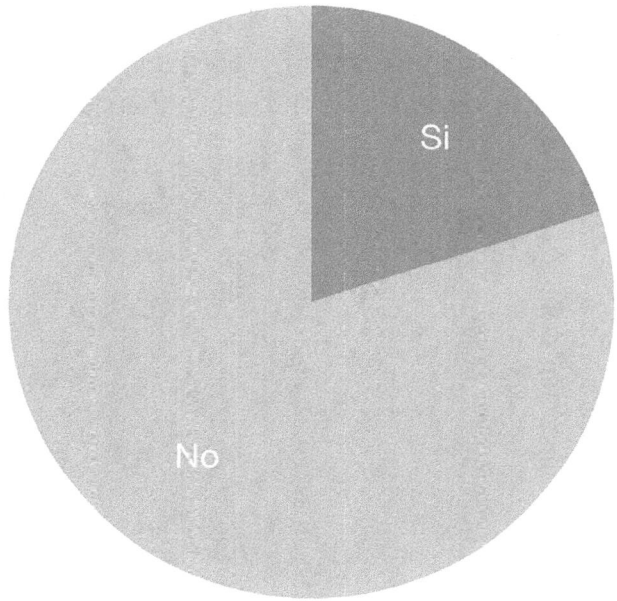

Si = 10 | No = 40

En el caso de la pregunta número 3, la cual indicaba sobre las instrucciones claras y precisas que los supervisores ofrecen a sus empleados, solamente 5 empleados contestaron que sí. Muchos empleados carecen de instrucciones claras, no conocen que sus líderes o supervisores esperan de ellos. ¿Cómo lograrás éxito en tu equipo si ellos no saben lo que esperas de ellos? Estas respuestas realmente revelan lo que se vive diariamente en las empresas. En la pregunta 4 solamente 5 empleados están motivados en su trabajo. La falta de motivación es una de las problemáticas en los equipos de trabajo. Esta encuesta revela que se necesita motivación por parte del líder y a su vez para sus empleados.

3. ¿Tu supervisor o líder te ofrece instrucciones claras y precisas sobre las tareas que debes realizar?

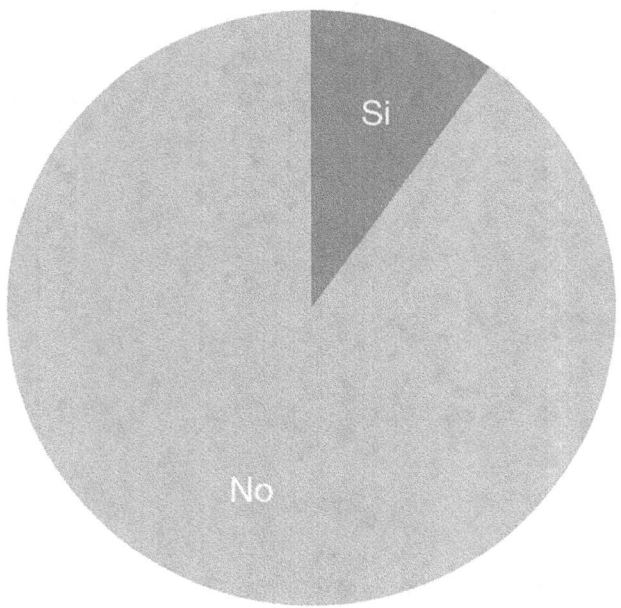

Si = 5 | No = 45

4. ¿En tu trabajo te motivan a tomar la iniciativa o a crear nuevas ideas para mejorar el trabajo que realizas?

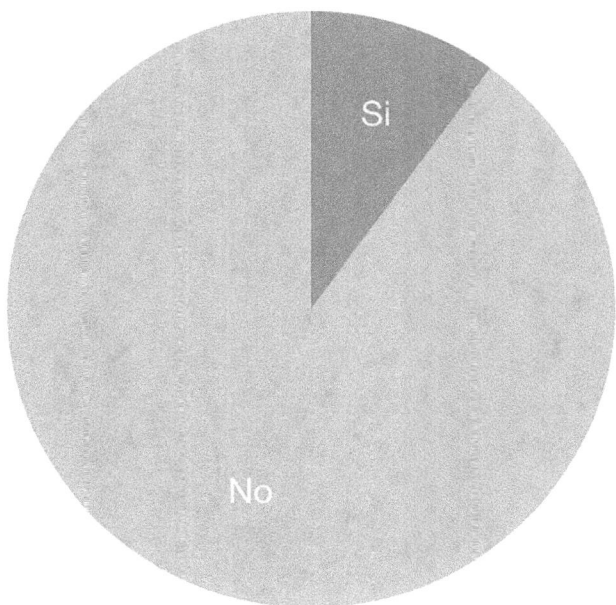

Si = 5 | No = 45

Por último, sólo 10 empleados entienden que van a permanecer por el resto de su vida en el empleo actual. Esto nos indica dos cosas. Aspiraciones mayores lo cual esta correcto o que no les gusta o no les satisface su empleo actual y solo es una fuente de ingresos y nada más.

5. ¿Sientes que el trabajo que realizas ahora será el mismo para toda tu vida laboral o productiva?

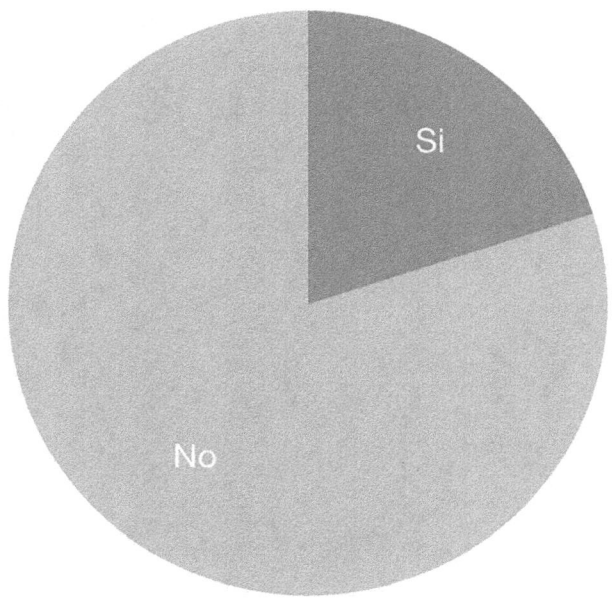

Si = 10 | No = 40

Realmente esta encuesta nos enfrenta a la realidad que existe en las empresas y equipos de trabajo. Es por esto que como líderes nunca debemos perder de perspectiva que todo lo que hacemos debe ser por el bien de todos. No se trata de ti, se trata de todo el equipo.

Encuesta

Contesta las siguientes preguntas, relacionadas con tu trabajo:

¿Te gusta el trabajo que realizas actualmente?

Si_____ No_____

¿Tienes una agenda de trabajo para tus tareas diarias?

Si_____ No_____

¿Tu supervisor o líder te ofrece instrucciones claras y precisas sobre las tareas que debes realizar?

Si_____ No_____

¿En tu trabajo te motivan a tomar la iniciativa o a crear nuevas ideas para mejorar el trabajo que realizas?

Si_____ No_____

¿Sientes que el trabajo que realizas ahora será el mismo para toda tu vida laboral o productiva?

Si_____ No_____

¿Cuál es tu reflexión de acuerdo a tus respuestas?

SOBRE EL AUTOR

Irving Pou, es un líder, que se ha desarrollado en el campo de la educación y salud. Actualmente trabaja como Product Knowledge Trainer en el área de Product Management en una compañía líder en el desarrollo de plataformas costo-efectivas que ayudan al proceso de intercambio de información de salud.

Se ha desempeñado por años como conferenciante, educador, desarrollador de talleres de capacitación profesional, entre otros. Su pasión es transmitir conocimientos y velar por el cumplimiento de altos estándares de calidad. Su meta es empoderar a los demás a alcanzar su máximo potencial desde la función que tengan que desempeñar.

Mis Contactos

Puedes contactar con el autor para dudas, preguntas, eventos o sesiones individuales por:

Email: irvingpou@gmail.com
Twitter: @irvingpou
Facebook: CoachEjecutivo.IrvingPou
Instagram: Pou-Irving
LinkedIn: Irving Pou
Skype: Irving Pou

ANOTACIONES